U0165595

客家
生趣話1000則

第二冊

——先人的智慧・俚諺語生趣話

傅新明 著

五南圖書出版公司 印行

# 副校長序

　　文化的傳承靠語言，根基於學子。多年來客家子弟出外謀職者多；加之通婚與早年政府強力推行國語政策的雙重影響下，對少數族群方言（如客家語、閩南語及原住民語）的推展產生了排擠效應，著實令人感到憂心。

　　新明兄服務本校多年，是一奉公守法、熱心公益的同仁。由於自幼對長輩們口耳相傳充滿智慧的「俚諺語」有著濃厚的興趣；且對客家母語的流失速度感到憂心，遂興起了蒐整先民智慧編著了深具文化傳承與教化功能的「客家生趣話1000則」，第一冊有聲書於107年8月由五南出版公司印製出版，受到客家鄉親及長輩們的肯定與鼓勵；加上興趣使然，遂又興起編寫第二冊的決心，憑著客家人刻苦不服輸的「硬頸精神」，歷經一年四個月的努力終於付梓。

　　本書分為倫理與家庭、事業與友情、內省與勵志、詼諧與逗趣、修心與養生及現實與社會等六大題主共1,000則，蘊涵著人生各階段的處世哲理，又饒富趣味，實為寓教於樂的典範讀物。為方便讀者了解正確的客語讀音，採用了教育部編印的「臺灣客家語常用詞典」羅馬拼音作為註解，並以有聲書方式輔助學習，冀能收事半功倍之效。作者公餘之暇傾力為傳承客家文化的犧牲奉獻精神值予感佩，故特為之序。

臺灣聯合大學系統副校長　國立中央大學電機系教授

蔡振瀛 博士

# 自序

　　個人作品「客家生趣話1000則」第一冊有聲書於107年8月由五南出版公司印製出版，是以傳承客語文化並發揮教育功能為宗旨。

　　由於客家話本就有音無字，且尚未有完整的統一用字，而今回首第一冊作品仍有部分用字及語意不清的疏漏，極待第二冊能加強改善，以吸引更多讀者閱讀意願，發揮更大的文化傳承效能。

　　本作品採用客家戲曲開場白「唸棚頭」方式，每首四句，每句5至7字，融合了客家俚諺語、客家山歌及七言絕句等多種模式混合編寫而成，並以客語發聲之簡易押韻、易讀及順口易記為原則。至「唸棚頭」則是客家戲劇開演前，由丑角所念的一段幽默、詼諧的獨白，先期營造歡樂氣氛。

　　本書完全採用教育公布的「臺灣客家語常用詞辭典」南四縣進行編寫、拼音和註解，但仍感單字不足及造字困難，尤其是羅馬拼音更讓初學者一頭霧水，徒增挫折感。期盼教育部及行政院客委會能多敦聘專家學者研訂簡易統一的「臺灣客家標準常用辭典」，並定期檢討修正，益臻完善，助益客家文化的傳承與推廣工作。

　　個人才疏學淺，本作品能順利付梓、送審及印製，首要感謝臺灣聯合大學系統副校長綦振瀛教授的指導賜序及中央大學林詠絮小姐的電腦編排設計，大大縮短了個人的校正工作時間，特致上最誠摯的敬意！作品雖經多次修正定稿，但疏漏難免，期盼先進們不吝賜教，共同為推廣客家文化略盡綿薄之力，是所至盼！

　　另有鑑於客家山歌平平仄平的押韻編寫模式與本書相去不遠，且多以情歌對唱為大宗，個人亦有嘗試創作並參加「107年客家山歌徵詞比賽」，獲得優勝獎，獲頒獎杯及獎金，將併近期創作彙整於本書附錄供山歌同好參考。

# 目錄

副校長序 ……………………………………………………………… (2)

自序 ……………………………………………………………………… (3)


第一篇　家庭與倫理 ……………………………………………… 1

第二篇　事業與友情 ……………………………………………… 41

第三篇　內省與勵志 ……………………………………………… 67

第四篇　詼諧與逗趣 ……………………………………………… 165

第五篇　修心與養身 ……………………………………………… 187

第六篇　現實與社會 ……………………………………………… 213

附　錄　山歌詞 …………………………………………………… 282

# 第一篇
# 家庭與倫理

01. **一回見面一回老，身體多少毋堵好，兄弟姊妹無幾多，係有能力愛惜著。**

註 毋（m）堵（du）好（ho）：有毛病；係（he）：如果；著（do）：到

釋 一回見面一回老，身體多少會有些許不適，兄弟姊妹沒多少，如有能力要相互照顧。

02. **一陣秋雨一陣涼，心心念念想爺娘，親恩廣大愛識想，積德个人壽年長。**

註 識（siid）想（xiong）：多思考；个（ge）：的

釋 一陣秋雨一陣涼，心中掛念的是父母的飽暖，要深思親恩的廣大，積德的人會享壽長。

03. **九江魚終歸九江，落葉總望歸故鄉，爺哀想子水流長，孝順子弟家運昌。**

註 歸（gui）：回；爺（ia）哀（oi）：父母

釋 九江出生的魚終歸會回到九江，人老了也希望落葉歸故鄉，父母思念子女的心如流水般的長遠，孝順的子弟家運必定昌盛。

04. **人人愛耕圳邊田，出外打拚望賺錢，爺哀恩情不能忘，有孝子弟莫愁錢。**

註 愛（oi）：要；爺（ia）哀（oi）：父母

釋 人人都想要耕作較方便灌溉的水圳邊田，出外打拚就望賺錢，父母恩情不能忘，孝會感動天會得天助，因此孝

順子弟不必愁錢。

---

**05.** 人生毋使幾多錢，總愛先存好心田，爺哀恩情大過天，先敬老人再敬賢。

> 註 毋（mˇ）使（siiˋ）：不必；爺（iaˇ）哀（oiˊ）：父母
>
> 釋 人的一生其實用不了多少錢，總要先存好心田，父母恩情大過天，先敬老人再敬賢。

---

**06.** 人生短短幾十年，毋使強求賺多錢，財多勢廣多牽連，妻賢子孝樂連天。

> 註 毋（mˇ）使（siiˋ）：不必
>
> 釋 人生短短幾十年，不必強求要賺多錢，財多勢廣多牽連，妻賢子孝才能樂連天。

---

**07.** 人生短短愛知足，好子一定毋鬥族，梟兄騙弟係做足，老天一定會來搦。

> 註 梟（hieuˊ）：欺騙；梟兄騙弟：以不正當的手段欺騙他人；係（he）：如果；搦（lugˋ）：煩擾、搗蛋
>
> 釋 短暫的人生要知足，好子懂得謙讓不爭家產不鬥家族，如果經常以不正當的手段欺騙他人，老天一定也會給予懲罰。

---

**08.** 人有艱苦過，正知錢好惜，細人還細惜過頭，成人長大毋耐劈。

---

註 正（zang）：才；細（se）人：小孩；忕（ted`）：太；母（mˇ）：不；耐劈（piag`）：比喻耐操耐勞

釋 人有甘苦過，才會珍惜錢，小孩從小寵過頭，長大成人就難吃苦耐勞。

---

**09.** 人老目花記性差，身體漸漸毋聽話，後生打拚為屋下，孝順正係偲客家。

註 後（heu）生（sang´）：年輕；屋（lug`）下（ka´）：家裡；正（zang）係（he）：才是；偲（en´）：我們

釋 人老眼會花記性會變差，身體也漸漸不聽使喚，年輕時為了家庭努力打拚，孝順的行為才是我們真正的客家風範。

---

**10.** 人老身上愛有錢，袋裡有錢子孫賢，還愛自家身體健，出出入入正自然。

註 正（zang）：才

釋 人老身上要有錢，袋裡有錢子孫就比較能盡孝不遺棄你，最重要還是要自已身體健康，出入才能自然方便。

---

**11.** 人老項項會變差，一定耐心來對他，屋簷水滴滴本位，盡遽輪著你自家。

註 盡（qin）遽（giag`）：很快；著（do`）：到

釋 父母年紀漸長，體力智力都會變差，為人子女一定要用耐心來對待，屋簷水滴滴本位，很快就會輪到你自己。

**12.** 三寸舌害六尺身，惡語出口傷人心，兄弟子嫂同協力，家庭和樂值千金。

註 子（zii`）嫂（so`）：姆娌；值（dad）

釋 三寸舌會害六尺身，惡語出口傷人心，兄弟姆娌能同心協力，家庭和樂值千金。

**13.** 大地爲主人爲客，短短人生愛把扼，後生時節勤打拚，空過歲月人會嚇。

註 後（heu）生（sang´）：年輕；把（ba`）扼（ag`）：把握；嚇（nag`）：笑

釋 大地為主人為客，短短人生要把握，年輕時要勤打拚，空過歲月一事無成會為人取笑。

**14.** 大樹底下好嶚涼，樹下幼苗難成長，養子愛帶三分寒，苦寒子弟會自強。

註 嶚（liau）涼：乘涼

釋 大樹底下好乘涼，但樹蔭下的幼苗難成長，養育孩子要帶三分苦寒，受過苦寒的子弟會更自強。

**15.** 子女降著一等多，兩老還愛自家煲，子女多來多煩惱，留兜老本有較好。

註 降（giung）著（do`）：生到；一等（den`）多：一大堆；煲（bo´）：煮；留兜（deu´）：留些；較（ka）

釋 子女生了一大堆，兩老還要自己料理三餐，子女多也煩惱多，還不如留些老本比較好。

16. 子女畜到肥卒卒，爺哀畜到一把骨，不孝子弟天會攦，煞猛也難享後福。

> 註 畜（hiug`）：養；肥（pi´）卒（zud`）卒：肥大豐碩；爺（ia´）哀（oi´）：父母；攦（lug`）：搗蛋；煞（sad`）猛（mang´）：努力工作

> 釋 子女養到肥嘟嘟，父母養到皮包骨，這種不孝子弟會遭天譴，即使努力工作，也難成功享後福。

17. 子弟從細愛教好，愛守口德話莫多，因果報應毋係無，為善為惡自受果。

> 註 細（se）：小；毋（m´）係（he）：不是

> 釋 教子嬰孩，教婦初來。子弟從小就要教育好，要守口德話莫多，因果報應一定有，為善為惡的果報只有自己承受。

18. 子就驚變壞，債就驚人賴，毋愁細人好搞怪，就愁佢等驚失敗。

> 註 毋（m´）愁：不愁；細（se）人：小孩；佢（i´）等（den´）：他們

> 釋 小孩怕變壞，債就怕人賴，不愁小孩好搞怪，就愁他們怕失敗。

19. 子想爺哀擔竿長，監獄一定有高牆，爺哀良言聽毋入，入了高牆苦難當。

**註** 爺（iaˇ）哀（oiˊ）：父母；毋（mˇ）：不

**釋** 父母想子長江水，子想父母僅是扁擔般長，監獄一定有高牆，父母好話聽不進，進了高牆苦難當。

---

20. 不孝心臼從子起，會分鄰舍看毋起，爺哀慢慢有年紀，早慢也會輪著你。

**註** 心（ximˊ）臼（kiuˇ）：媳婦；分（bunˊ）：給；毋（mˇ）：不；爺（iaˇ）哀（oiˊ）：父母；著（do`）：到

**釋** 媳婦不孝是兒子過分驕寵所引起，會讓鄰居瞧不起，父母慢慢上了年紀，這種日子早晚也會輪到你。

---

21. 公婆緣分天註定，也愛用心去經營，愛相體諒相尊敬，家和正能萬事興。

**註** 公婆：夫妻；正（zang）：才

**釋** 夫妻緣分天註定，要用心去經營，要相互體諒相互尊敬，家和才能萬事興。

---

22. 六月天時熱難當，大樹底下好寮涼，爺哀惜子大樹樣，一雙筷仔一般長。

**註** 寮（liau）涼：乘涼；爺（iaˇ）哀（oiˊ）：父母

**釋** 六月天氣熱難當，大樹底下好乘涼，父母疼惜子女如大樹般沒分別心，就像一雙筷子一樣一般長。

---

23. 天下最親爺哀親，孝順爺哀愛真心，毋怕壞人毋怕兵，就愁子女無良心。

註 爺（ia˘）哀（oi´）：父母；毋（m˘）：不

釋 天下最親密的關係是父母子女的親子關係，孝順父母要真心，不怕壞人不怕兵，就擔心子女沒良心。

---

24. 夫妻毋合蓋冷被，兄弟毋合外人欺，忍讓家庭會和氣，這個道理你愛知。

註 毋（m˘）：不

釋 夫妻感情不睦，晚上就會蓋冷被，兄弟不合家也容易遭到外人欺負，能相互忍讓家庭才會一團和氣，這個道理你要知道。

---

25. 夫妻吵事無冤仇，蹀過門檻就點頭，相互忍讓正湛斗，千年修來共枕頭。

註 吵事：吵架；冤（ian´）仇（su˘）：仇恨；蹀（kiam）過：跨過；門（mun˘）檻（kiam´）：門下的橫木；正（zang）：才；湛（zam）斗（deu`）：美好、優秀

釋 夫妻吵架不結仇，跨過門檻就點頭，能相互忍讓才是最棒的，千年修來才能共枕眠。

---

26. 夫妻恩愛蓋共被，一儕當過三領被，只愛餔娘有笑面，三餐少食毋肚飢。

註 共（kiung）被：同床被子；儕（sa˘）：人；餔（bu´）娘（ngion˘）：太太；毋（m˘）：不

釋 夫妻恩愛蓋同被，寒冬時一人抵過三件被子，只要太太有笑容，三餐少吃也不覺得餓。

27. 心善毋使食長齋，善惡果報自家扷，兄弟不睦家必敗，有錢親情也難買。

> 註 毋（mˇ）使（siiˋ）：不必；扷（kaiˊ）：挑
>
> 釋 心善不必吃長齋，為善為惡的果報自己承擔，兄弟不睦家必敗，有錢親情也難買。

28. 手拿清香拜祖先，堂前父母孝為先，餔娘子女擺頭前，不孝子弟賺無錢。

> 註 餔（buˊ）娘（ngiongˇ）：太太；頭（teuˇ）前（qienˇ）：前面
>
> 釋 手拿清香拜祖先，堂前父母要以孝為先，如果把太太子女的順位擺前面而罔顧父母辛勞，這種不孝子弟是賺不到錢的。

29. 手藝一樣精，食著算毋清，公婆和睦一條心，勝過家中囤萬金。

> 註 著（zogˋ）：穿；算毋（mˇ）清：喻不用愁；公婆：夫妻；囤（dunˋ）
>
> 釋 只要有一樣專精手藝，吃穿就不用愁，夫妻和睦一條心，勝過家中囤萬金。

30. 日日大魚又大肉，毋當鹹魚傍鮮粥，公婆恩愛又和睦，當過王公勝貴族。

> 註 毋（mˇ）當：不如；傍（bongˋ）：配；當（dong）過（go）：更勝於

釋 天天大魚又大肉，不如鹹魚配稀飯養生，夫妻恩愛又和睦，勝過王公和貴族。

---

31. 日日啉酒毋顧家，摸門毋著歸屋下，千差萬差自家差，搣到歸屋毋成家。

註 啉（lim）：喝；毋（mˇ）：不；毋（mˇ）著（do`）：不著；歸（gui´）：回；屋（lug`）下（ka´）：家裡；搣（med`）：舞弄；歸（gui´）屋：全家

釋 天天喝酒不顧家，喝醉了摸不著門好回家，千錯萬錯都是自己錯，搞到全家雞犬不寧。

---

32. 日月無私照大地，爺哀無私顧子弟，子弟忘恩顧自己，老來報應會還你。

註 爺（iaˇ）哀（oi´）：父母

釋 日月無私照大地，父母也是以無私的心照顧自己孩子，孩子成人忘了雙親恩情只顧自己，老來報應會還給你。

---

33. 日出東山照西山，父母恩情大過山，時間一去不復返，爺哀惜子心無恬。

註 恬（diam´）：停止

釋 日出東山照西山，父母恩情大過山，時間一去不復返，但父母疼惜子女的心未曾停歇過。

---

34. 日頭一出照四方，光芒就像吾爺娘，爺哀想子毋識斷，敬天先愛敬爺娘。

---

註 日（ngid`）頭（teu´）：太陽；吾（nga´）：我的；爺
　（ia´）娘（ngiong´）：父母；爺（ia´）哀（oi´）：父
　母；毋（m´）識（siid`）：不曾

釋 太陽一出照四方，溫暖的光芒就像我慈祥的爹娘，父母
　掛念子女的心不曾間斷，敬天先要先敬父母。

---

35.　日頭烈烈照四方，晒兜鹹菜煲菜湯，客家
　　　姐仔勤儉做，寒冬毋愁空米缸。

註 烈（lad`）烈：乾熱；兜（deu´）：些；煲（bo´）：熬
　煮；姐（jia`）仔（e`）：老婆

釋 烈日當空照耀四方，晒些鹹菜煮菜湯，客家婦女勤儉持
　家，寒冬也不愁會空米缸。

---

36.　毋愁打拚無官做，就愁子女毋嫁討，時間
　　　匆匆催人老，老來無伴多煩惱。

註 毋（m´）愁：不愁

釋 不愁打拚沒官做，就愁成年子女不嫁娶，時間匆匆摧人
　老，老來無伴多煩惱。

---

37.　毋愁屋下生活窮，就愁姐仔無笑容，相互
　　　忍讓相包容，家運一定會昌隆。

註 屋（lug`）下（ka´）：家裡；姐（jia`）仔（e`）：太太

釋 不愁家裡生活窮，就愁太太沒笑容，夫妻能夠相互忍讓
　互相包容，家運一定會昌隆。

---

**38.** 水退石頭現，國難辨忠奸，孝順一定順為先，爺哀恩情大過天。

註 爺（iaˇ）哀（oiˊ）：父母

釋 水退石頭現，國難辨忠奸，孝順一定要以順為先，父母恩情大過天。

---

**39.** 世上最香桂花香，天下最長水流長，爺哀恩情比水長，孝順子弟招吉祥。

註 爺（iaˇ）哀（oiˊ）：父母

釋 世上最香是桂花香，天下最長是流水長，父母恩情比流水長，孝順子弟會招吉祥。

---

**40.** 兄弟子嫂愛相親，有商有量家業興，吵吵鬧鬧像外人，親情容易出事情。

註 子（ziiˋ）嫂（soˋ）：妯娌

釋 兄弟妯娌間要相親相愛，家事要多商量家業才會興旺，如果經常吵鬧不休像外人，親情容易變調也容易出事情。

---

**41.** 兄弟分家各經營，莫為小事傷感情，一回見面一回老，前世修來結親情。

釋 兄弟分家要各自經營，莫為小事傷感情，一回見面一回老，前世修來結親情。

---

**42.** 兄弟姊妹散四方，難有機會集一堂，相互
關心暖心房，忍讓正會久久長。

註 正（zang）：才

釋 兄弟姊妹長大成人散居四方，難有機會共聚一堂，相互
間的關心會溫暖彼此心房，也要懂得相互忍讓，感情才
能久久長長。

---

**43.** 兄弟姐妹骨肉親，利益記得先讓人，骨肉
至親無幾位，和睦就係報恩情。

註 係（he）：是

釋 兄弟姐妹是骨肉親，利益記得先讓人，骨肉至親沒幾
人，能和睦相處就是報答恩情的表現。

---

**44.** 出門一身光，入門心會慌，係有姐仔來幫
忙，寒夜毋會恁淒涼。

註 係（he）：如果；姐（jia`）仔（e`）：太太；毋會：不
會；恁（an`）：那麼

釋 出門時穿得光鮮亮麗，回到家就感到空虛心發慌，這時
如有太太陪伴幫忙，寒夜也不會感到那麼孤單淒涼。

---

**45.** 只有藤纏樹，哪有樹纏藤，爺哀燒冷愛行
前，不孝子弟天會譴。

註 哪（nai）有：那有；爺（ia´）哀（oi´）：父母；燒
（seu´）冷（lang´）：喻身體不適；譴（kien`）：生氣

> 釋 世上只有藤纏樹，那有樹纏藤的道理，父母生病時要趨
> 前照顧，不孝子弟會遭天譴。

---

46. **平常話多嗲又嗲，上臺講又無半垤，爺哀**
    **惜子無論歲，子養爺哀論餐計。**

> 註 嗲（deˇ）：言多；垤（de）：塊；爺（iaˇ）哀（oiˊ）：
> 父母
>
> 釋 平常開口就嗲嗲不休，上臺又講不出所以然。父母疼惜
> 子女是無論歲數大小，而現代社會許多人奉養父母是論
> 餐計算的，可悲啊！

---

47. **打拚事業趲後生，財多名高好名聲，爺哀**
    **漸老愛行孝，也莫忘忒祖宗聲。**

> 註 後（heu）生（sangˊ）：年輕；爺（iaˇ）哀（oiˊ）父
> 母；忘忒（tedˋ）：忘掉
>
> 釋 打拚事業要趁年輕，獲得財多名高將會有好名聲，此時
> 父母年紀都已漸漸老，要及時行孝，同時也別忘了先祖
> 留傳下來的母語祖宗聲。

---

48. **打鼓愛打鼓中心，一藝在身勝萬金，公婆**
    **恩愛愛眞心，就像蠟燭一條心。**

> 註 公（gungˊ）婆（poˇ）：夫妻
>
> 釋 打鼓要打鼓中心較響亮，專精一藝勝萬金，夫妻恩愛要
> 眞心，就像蠟燭一條心。

**49.** 田地就驚荒，賭徼驚三光，男人曉得惜餔娘，堵著困難毋使慌。

> **註** 賭徼（gieu`）：賭博；三光：錢輸光、天光、人跑光；餔（bu´）娘（ngiong∨）：太太；堵（du∨）著（do`）：碰到；毋（m∨）使（sii`）：不必
>
> **釋** 田地就怕荒，賭博怕三光，男人曉得疼太太，碰到困難有人商量就不必驚慌。

**50.** 田地勤耕會有穀，賢孝公婆會有福，求福毋使行遠路，善待親恩就有步。

> **註** 毋（m∨）使（sii`）：不必；步（pu）：辦法
>
> **釋** 田地勤耕會有穀物收成，孝順公婆的媳婦自會得福報，求福不必走遠路，善待親恩就是好辦法。

**51.** 田無勤耕地會荒，人無煞猛空米缸，親情絕對不能忘，有事一定愛相幫。

> **註** 煞（sad`）猛（mang´）：勤奮
>
> **釋** 田不勤耕地會荒，人不勤奮會空米缸，親情絕對不能忘，有事一定要相互幫忙。

**52.** 田塍驚老鼠，人驚心肝烏，烏心錢銀輒輒賺，做若子孫面會烏。

> **註** 田（tien∨）塍（siin∨）：田埂；輒（jiab）輒：經常；若（ngia´）：你的；面會烏：比喻過得悽慘

> 釋 田埂怕老鼠打洞會漏水，人怕黑心自私害他人，如果經常賺取黑心錢，未來你的子孫會得報應過得悽慘。

---

53. 先敬爺哀再敬神，不敬爺哀敬何人，頭頂三尺有神明，不孝容易出事情。

> 註 爺（ia˘）哀（oi´）：父母
>
> 釋 先敬父母再敬神，不敬父母敬何人，頭上三尺有神明，不孝的人會遭天譴，也就容易出事情。

---

54. 在家曉得敬爺娘，毋使滿哪去燒香，鼓愛扛等打較響，人愛立志愛自強。

> 註 毋（m˘）使：不必；滿哪（nai）：到處；扛（gong´）等（den`）：扛著
>
> 釋 在家懂得孝敬父母，不必到處去燒香拜佛。大鼓要扛著打較為響亮，做人也要自立自強，才能有所成就。

---

55. 有孝妹仔嫁他鄉，不孝心白三餐香，大人愛有好度量，心白妹仔都共樣。

> 註 妹仔（e`）：女兒；心（xim´）白（kiu´）：媳婦；大人：公公婆婆；度（tu）量（lion）：胸襟；共（kiung）樣（iong）：一樣
>
> 釋 孝順女兒嫁他鄉，不孝媳婦三餐有熱食服侍，公公婆婆要有好肚量，要把媳婦當女兒一般看待。

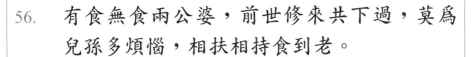 

**56.** 有食無食兩公婆，前世修來共下過，莫爲兒孫多煩惱，相扶相持食到老。

註 共（kiung）下（ha）：一起

釋 不論貧富，夫妻總是夫妻，是前世修來共同生活的，莫為兒孫多煩惱，要相互扶持活到老。

**57.** 㨯有情來你有義，有情有義好兄弟，凡事就愛知讓利，爭利到尾害自己。

註 㨯（ngaiˇ）：我；到尾（miˊ）：最終

釋 我有情你有義，有情有義才是好兄弟，凡事就要知讓利，爭利最終會害了自己。

**58.** 有錢日日像過年，無錢日日度荒年，偏偏窮人又多子，三餐蕃薯準肉丸。

釋 有錢人家的日子天天像過年，貧窮人家的日子天天像度荒年，偏偏窮人又多子，三餐只能將蕃薯當肉丸。

**59.** 百善一定孝爲先，孝子會有出頭天，梟兄騙弟顧眼前，報應來時目向天。

註 梟（hieuˊ）：以不正當的手段欺騙他人；目向天：仰天徒嘆

釋 百善孝為先，孝會感動天，所以孝子一定會有出頭天。以不正當的手段欺騙他人，只會收到眼前短暫的利益，報應來時就會仰天徒嘆了。

60. 百項頭路起頭難，刻耐就會有等待，一隻竹篙撐到底，毋會成功來尋倕。

註 刻（kad`）耐（ngai）：刻苦又忍耐；竹（zug`）篙（go´）：竹竿；毋（mˇ）：不；尋（qimˇ）：找；倕（ngaiˇ）：我

釋 凡事起頭難，能刻苦又忍耐就會有成功的期待，立定目標堅持到底，不會成功來找我。

61. 羊仔食草連根食，牛仔食草根毋食，爺哀惜子本天性，逆子遲早會出事。

註 羊仔（e`）：羊；牛仔（e`）：牛；毋（mˇ）：不；爺（iaˇ）哀（oi´）：父母；逆（ngiag）子（zii`）：不孝的孩子

釋 羊吃草連根吃，牛吃草不吃根，父母疼惜子女是天性，不孝的孩子遲早會出事。

62. 老人就像寶，當過一把鎖，掌屋渡孫一等好，唸唸分人嫌孤盲。

註 當（dong）過：勝過；掌（zong`）屋：看家；渡（tu）：帶；唸（ngiamˇ）唸（ngiam）：嘮叨不休；分（bun´）：給；孤（go´）盲（mo´）：罵人的話、該死

釋 老人就像寶，勝過一把鎖，看家帶孫非常好，但是整天嘮叨不休會遭人嫌棄。

63. 老虎恁惡母食子，牛嫲隻隻也惜子，爺哀想子無論歲，親恩廣大愛記起。

**註** 恁（an`）：那麼；牛嫲（ma´）：母牛；爺（ia´）哀（oi´）：父母；歲（soi）

**釋** 虎毒不食子，母牛也都疼惜自己的小牛，父母日夜想子是不論年紀大小的，親恩廣大子要記得。

64. 男人毋愁屋下窮，就愁姐仔無笑容，公婆同心來打拚，煞猛一定會成功。

**註** 毋（m´）：不；屋（lug`）下（ka´）：家裡；姐（jia`）仔（e`）：太太；煞（sad`）猛（mang´）：努力工作

**釋** 男人不愁家裡窮，就愁太太臉上沒笑容，夫妻同心來打拚，努力一定會成功。

65. 男人毋愁屋下窮，就愁做事無用功，貧窮富貴莫去論，公婆和合家運通。

**註** 毋（m´）：不；屋（lug`）下（ka´）：家裡

**釋** 男人不愁家裡窮，就愁做事不用功，貧窮富貴別去議論，夫妻和睦家運會通順。

66. 男人出外愛打拚，女人持家愛省儉，阿姆正係家中寶，持家養子盡認命。

**註** 省（sang`）儉（kiam）：節儉；阿姆（me´）：母親；正（zang）係（he）：才是；盡（qin）：非常

釋 男人出外要打拚，女人持家要節儉，母親才是家中寶，持家養子非常認命，毫無怨言。

---

67. 男人立志在四方，煞猛打拚心善良，他日成功歸故鄉，爺哀心肝樂洋洋。

註 煞（sad`）猛（mang´）：勤奮；歸（gui´）：回；爺（iaˇ）哀（oi´）：父母

釋 男人立志在四方，努力打拚要心存善良，他日成功回故鄉，父母內心必定樂洋洋。

---

68. 男人莫做兩頭蛇，女人莫尋兩頭家，相互扶持來打拚，家和子孫毋會差。

註 兩頭蛇：牆頭草；尋（qimˇ）：找

釋 男人別做兩頭蛇，女人也莫配二夫，要相互扶持來打拚，子孫在和順的家庭熏陶下成長，未來的人品一定不會差。

---

69. 男人讀書望做官，女人讀書望排場，榮華富貴人人想，賢孝姐仔家運昌。

註 排（pai´）場（congˇ）：鋪張盛大；姐（jia`）仔（e`）：妻子

釋 男人讀書希望做官，女人讀書希望過富裕排場的生活，榮華富貴人人想，娶到賢惠的太太，家運必定會昌盛。

70. 弓蕉好食兩頭尖，秋後甘蔗節節甜，夫妻結合係良緣，忍讓家庭會圓滿。

註 弓（qiung´）蕉（zeu´）：香蕉；係（he）：是

釋 香蕉好吃兩頭尖，秋後甘蔗節節甜，夫妻結合是良緣，相互忍讓家庭才會圓滿。

71. 花前月下雖然好，毋當恩愛兩公婆，相互忍讓心情好，快快樂樂食到老。

註 毋（mˇ）當：不如

釋 花前月下雖然氣氛佳，遠不如真心相愛的兩夫妻感情令人羨慕。能夠相互忍讓自然心情好，就會快快樂樂的百首偕老。

72. 後生打拚莫愁錢，貧窮富貴順自然，人老身上愛有錢，燒冷子孫會行前。

註 後（heu）生（sang´）：年輕；燒（seu´）冷（lang´）：喻生病；行（hang´）前：靠近

釋 年輕時只管努力打拚，不必窮愁是否有錢，貧窮富貴要順其自然。人老身上要有錢，生病的時候子孫才會上前關心。

73. 毒品絕對摸毋得，惹了身家會敗忒，身體漸漸堪毋得，爺哀傷心毋盼得。

註 摸（mia´）；毋（mˇ）：不；惹（ngia´）；敗忒

（ted`）：敗壞；堪（kam´）毋（m̀）得（ded`）：受不
了；爺（ia´）哀（oi´）：父母；毋（m̀）盼（pan）得
（ded`）：捨不得

釋 毒品絕對摸不得，惹到身家都會敗壞，身體也會漸漸不
堪負荷，父母會既傷心又不捨。

---

74. 秋天日頭像老虎，農民耕田眞辛苦，日曬
雨淚愛忍受，就望子弟愛讀書。

註 日（ngid`）頭（teu´）：太陽；淚（dug`）：淋

釋 秋天太陽像老虎，農民耕田真辛苦，日曬雨淋也要忍
受，就希望子弟愛讀書。

---

75. 秋風吹來感覺涼，阿姆料理感覺香，做人
子弟愛想長，逆子到尾福難享。

註 阿姆（me´）：母親；逆（ngiag）子（zii`）：忤逆父母的
不孝子；到（do）尾（mi´）：最終

釋 秋風吹來感覺涼，母親料理感覺香，做人子弟要深思，
忤逆父母的不孝子最終是無福可享的。

---

76. 美濃東片係臺東，西片直透到高雄，後生
打拚出遠門，年節歸來敬祖公。

註 片（pien`）：邊；係（he）：是；後（heu）生（sang´）：
年輕；歸（gui´）來：回來

釋 美濃東邊是臺東，西邊直達通高雄，年輕人為了前途出
外打拚，年節也都會回鄉祭祖。

**77.** 食茶愛食半燒冷，曬穀就愛望天晴，後生事業勤打拚，孝順子弟一定贏。

> 註 愛（oi）：要；後（heu）生（sang´）；年輕
>
> 釋 喝茶要喝溫熱茶不傷喉嚨，曬穀子就希氣望天氣晴朗，年輕時要勤苦打拚事業，孝順子弟終會有善報。

**78.** 倈仔降多多，老乜自家煲，親子關係毋牢靠，留兜老本有較好。

> 註 倈（lai）仔（e`）：兒子；降（giung）：生；乜（me）：也；煲（bo´）：小火煮；毋（m ˇ）：不；留兜（deu´）：留些；較（ka）
>
> 釋 兒子生多多，老來三餐也要自己煮，親子關係不牢靠，還是留些老本比較好。

**79.** 家中三代有同堂，快樂可比上天堂，惜子連孫都一樣，就望子孫代代強。

> 釋 家中有三代同堂，快樂可比上天堂，惜子連孫都一樣，就望子孫代代強。

**80.** 家庭愛和好，就愛惜老婆，日夜費心在操勞，身材容貌漸漸無。

> 釋 家庭要和好，就要疼惜老婆，太太日夜費心在操勞家務，身材容貌一定漸漸消失，要更體貼更珍惜。

81. 家財萬貫三餐飯，千棟房屋一張床，夫妻有事多商量，平安知足家運昌。

> 釋 家財萬貫也是三餐飯，千棟房屋也夜眠一張床而已，凡事不過分貪求。夫妻有事能多商量，平安知足家運就會慢慢昌盛。

82. 校園上課有鐘聲，子弟教育愛先生，屋下愛聽爺哀話，爺哀惜子贏先生。

> 註 先（xin´）生（sang´）：老師；屋（lug`）下（ka´）：家裡；爺（ia´）哀（oi´）：父母
>
> 釋 校園上課有鐘聲，子弟教育要老師，在家裡要聽父母的話，父母疼惜子女的心一定勝過老師。

83. 桂花一開滿樹香，孝順子弟人讚揚，老人成細愛體諒，善待爺哀福祿長。

> 註 老人成（sang丷）細（se）：返老還童；爺（ia´）哀（oi´）：父母
>
> 釋 桂花一開滿樹香，孝順子弟人讚揚，要體諒老人返老還童的幼稚行為，能夠善待父母的人，會得善報福祿綿長。

84. 病就驚拖著，人就驚變老，子好毋當心臼好，心臼係好家運好。

> 註 著（do`）：到；毋（m丷）當：不如；心（xim´）臼（kiu´）：媳婦；係（he）：如果

註 病就怕拖到，人就怕變老，子好不如媳婦好，如果媳婦好家運一定好。

---

85. 討姐仔愛性體好，外表要求莫忒多，性體係好像坯寶，平安幸福食到老。

註 姐（jia）仔（e）：太太；性（xin）體（ti）：個性、脾氣；忒（ted）：太；係（he）：如果；坯（de）：塊

釋 娶妻要娶個性溫柔脾氣好的，外表不必太計較，脾氣好就像塊寶，平安幸福活到老。

---

86. 酒中就有飯，有酒就係命，酒醉嘰嘎話無恬，姐仔看著面轉青。

註 嘰（gi）嘎（ga）：喋喋不休；恬（diam）：停；姐（jia）仔（e）：太太；著（do）：到

釋 愛喝酒的人酒中有飯，看到酒就是命，酒醉時又話多喋喋不休，太太看到會氣到臉色發青。

---

87. 高樓大廈肚裡空，茅寮草屋出相公，細人從細艱苦過，長大容易會成功。

註 相（xiong）公（gung）：宰相；細（se）人：小孩

釋 住高樓大廈的有錢人家往往會養出不成才的子弟，窮苦人家的孩子往往能在艱困的環境中磨練出相公人才，小孩從小有甘苦過，長大容易會成功。

**88.** 做多缺德事，就會出逆子，逆子養老吮手
指，積德正會出好子。

註 逆（ngiag）子（zii`）：忤逆父母的不孝子；吮（qion´）
手指：沒指望

釋 做多了缺德事，就會生出忤逆的不孝子，要靠逆子養老
是不可能的事，只有廣積陰德才會生出好子弟。

**89.** 做人一定愛想長，居家就愛守綱常，父慈
子孝有好樣，家庭就會樂洋洋。

註 綱（gong´）：事務的主要部分；綱（gong´）常（song）：
三綱（君臣、父子、夫婦）五常（仁、義、禮、智、信）

釋 做人不可短視，一定要有長遠思考，居家要守綱常，父
慈子孝有好榜樣，家庭就會和諧樂融融。

**90.** 做人心臼愛善良，善待家官同家娘，凡事
公婆相體諒，後代子孫出賢良。

註 心（xim´）臼（kiu´）：媳婦；家（ga´）官（gon´）：
公公；家（ga´）娘（ngiong）：婆婆；公（gung´）婆
（po）：夫妻

釋 做人媳婦心地要善良，要善待公公和婆婆，凡事夫妻多
體諒，在和睦家庭環境下就會生出賢良的後代子孫。

**91.** 做人心臼愛敬老，家有一老當過鎖，三春
嫩筍會變老，日後妳也做阿婆。

註 心（xim´）白（kiu´）：媳婦；當（dong）過：勝過
釋 做人媳婦要敬老，家有一老勝把鎖，三春嫩筍也會變
　老，日後妳也會當婆婆。

---

**92.** 做人心白愛端莊，毋好盡愛逐身裝，一定
善待老家娘，賢孝心白福祿長。

註 心（xim´）白（kiu´）：媳婦；盡（qin）：非常；逐
　（giug`）：追求；家（ga´）娘（ngiong´）：婆婆
釋 為人媳婦要端莊，不可只愛追求身上的行頭，居家一定
　要善待老婆婆，孝順的媳婦福祿長。

---

**93.** 做人毋求賺大錢，人緣好就會賺錢，求得
妻賢子又孝，較贏買屋又買田。

註 毋（mˇ）：不；較（ka）
釋 做人不必強求賺大錢，人緣好就會賺錢，只要能求得子
　孝妻賢，就勝過買屋又買田。

---

**94.** 做人毋使忒會算，人會算來天會斷，朝中
臣多國會亂，家無戇牯難興旺。

註 毋（mˇ）使（sii`）：不必；忒（ted`）：太；戇（ngong）
　牯（gu`）：憨厚的孩子
釋 做人不必太會算計，人會精算老天自會公平論斷，朝中
　臣多國會亂，家沒不計較的憨厚孩子是難興旺的。

95. 做人妹仔一等閒，做人心臼難又難，有孝妹仔路頭遠，身邊心臼愛惜緣。

註 妹（moi）仔（e`）：女兒；一（id`）等（den`）：非常；心（xim´）臼（kiu´）：媳婦；路（lu）頭（teuˇ）：路途

釋 父母都疼女兒，因此做女兒的生活是較為清閒，做人媳婦就難上難囉！女兒雖孝順，但遠嫁他鄉，回家的路途遙，要好好疼惜日夜在身邊侍候你們的媳婦。

96. 做人愛有好心腸，住家就係好屋場，福人一定居福地，孝順毋使多燒香。

註 係（he）是：屋（vug`）場（congˇ）；居家地理環境；毋（mˇ）使：不必

釋 做人要有好心腸，居家就是好的地理環境，福人一定居福地，孝順不必多燒香，老天自會保祐你。

97. 做事係有心，鐵棍挼成針，公婆共下一條心，門前泥土變黃金。

註 係（he）：如果；挼（noˇ）：搓；公婆：夫妻；共（kiung）下（ha）：一起

釋 做事如有用心，鐵棍也可磨成針，夫妻一條心，門前泥土也會變黃金。

---

98. 堂上父母在，愛當佛祖拜，孝順子弟心會在，成功之日可等待。

註 愛（oi）：要

釋 堂上父母在，要當佛祖拜，孝順子弟心安理得，天惜戇人，成功之日可期待。

---

99. 細細成就莫張揚，強中有人比你強，孝順煞猛天會助，忍讓事業會久長。

註 細（se）：小；煞（sad`）猛（mang´）：勤奮

釋 個人有了小小成就也別張揚，強中自有強中手，孝順又努力工作的人，會得天助會成功，凡事忍讓事業就會久長。

---

100. 結婚定情愛禁指，戰場打仗愛銃子，積財毋當勤家教，積德正會出好子。

註 禁（gim）指（zii`）：戒子；銃（cung）：槍；銃子：子彈；毋（mˇ）當：不如；正（zang）會（voi）：才會

釋 結婚定情要戒指，戰場打仗要子彈，廣積財不如勤教子，積德才會出好子。

---

101. 買田又買屋，難留子孫福，公婆同心又知足，快樂人生盡幸福。

註 盡（qin）：非常

釋 有錢買田又買屋，不積德也難留子孫福，夫妻同心又知足，快樂人生很幸福。

> **102.** 飯撈毋驚滾水湯，好女無嫌娘嫁妝，賢孝姐仔人讚揚，家有慈母家運昌。

**註** 飯撈：撈飯的竹製品；毋（m ˇ）：不；賢（hian ˇ）孝（hau）：孝順；姐（jia `）仔（e `）：太太

**釋** 飯撈不怕滾水湯，好女不嫌娘嫁妝，賢慧又孝順的太太人人讚揚，家有慈母家運必定昌盛。

> **103.** 想愛農作收成好，施肥除蟲要赴著，細人從細有教好，成人長大少煩惱。

**註** 赴（fu）著（do `）：趕上；細（se）：小

**釋** 想要農作收成好，施肥除蟲要及時，小孩從小教育好，長大成人就少煩惱。

> **104.** 愛過正知情深，醉過正知酒濃，後生時節多恩愛，老來變到盡會噥。

**註** 正（zang）知：才知；後（heu）生（sang ˊ）：年輕；盡（qin）：非常；噥（nung ˇ）：嘮叨不休

**釋** 愛過才知情深，醉過才知酒濃，年輕時恩愛有加，但老來變得嘮叨不休就令人厭煩。

> **105.** 新來心臼老家娘，思想觀念隔片牆，家娘曉當自家娘，家必和樂運必昌。

**註** 心（xim ˊ）臼（kiu ˊ）：媳婦；家（ga ˊ）娘（ngiong ˇ）：婆婆；自（gid）家（ga ˊ）：自己

釋 新來媳婦配老婆婆，思想觀念隔片牆，如果媳婦懂得將婆婆當自己母親般的孝順，家必和樂運必昌。

---

106. 新剪茶樹發新芽，茶香飄過萬戶家，家有賢妻同打拚，香氣勝過玉蘭花。

釋 新剪茶樹發新芽，茶香飄過萬戶家，家有賢妻齊打拚，香氣勝過玉蘭花。

---

107. 爺哀在就成一家，爺哀亡故毋成家，兄弟分家成鄰舍，骨肉親情莫淡化。

註 爺（iaˇ）哀（oiˊ）：父母；毋（mˇ）：不；分（bunˊ）

釋 父母在就成一家，父母亡故就不成家，兄弟分家成鄰居，骨肉親情不可因此而淡化。

---

108. 爺哀係𠊎心中寶，莫將爺哀當成草，如今年紀漸漸老，孝順子弟出路好。

註 爺（iaˇ）哀（oiˊ）：父母；係（he）：是；𠊎（ngaiˇ）：我

釋 要把父母當成心中寶，不可當成路邊草，如今父母年紀漸漸老，更要細心照顧，孝順的子弟出路一定好。

---

109. 爺哀恩情比天高，毋係有錢買得著，孝敬爺哀愛像寶，他日你也會變老。

註 爺（iaˇ）哀（oiˊ）：父母；毋（mˇ）係（he）：不是；著（doˋ）：到

釋 父母恩情比天高，不是有錢就買得到，孝敬父母要像寶，他日你也會變老。

---

110. 爺哀惜子就像寶，子待爺哀就像草，老天目珠金金著，前途定無好結果。

註 爺（iaˇ）哀（oiˊ）：父母；目（mug`）珠（zuˊ）：眼睛；金金著（do`）：比喻銳利的樣子

釋 父母疼惜子女就像寶貝，如果子女對待父母就像雜草一樣的話，老天眼睛是銳利的，不孝子女的前途一定不會有好結果。

---

111. 爺哀惜子無嫌多，唸你兩句嫌囉唆，有朝一日來亡故，喊天嚱地又奈何。

註 爺（iaˇ）哀（oiˊ）：父母；喊（hemˊ）天嚱（zan）地：呼天搶地

釋 父母疼惜子女的心永遠都不會嫌多，不能唸你兩句就嫌囉唆，有朝一日亡故時，呼天搶地又如何！

---

112. 爺哀就兩儕，勤儉顧一家，老來身體會變差，子女莫淨顧自家。

註 爺（iaˇ）哀（oiˊ）：父母；儕（saˇ）：人；淨（qiang）：只；自（qid）家（gaˊ）：自己

釋 父母就兩人，一生勤儉顧一家，老來身體會變差，子女長大不能只顧自己，要思及養育之恩。

**113.** 爺哀就愛孝，子弟就愛教，毋好食飽滿哪寮，子弟學樣就難教。

> 註 爺（ia ˇ）哀（oi ´）：父母；毋（m ˇ）好：不可；滿哪（nai）：到處；寮（liau）：玩

> 釋 對父母要盡孝，對子弟要嚴教，為人父母不可吃飽四處遊蕩不務正業，子弟有樣學樣就難教了。

**114.** 爺哀想子子毋知，子想爺娘麼儕知，天知地知心有數，莫尋理由騙自己。

> 註 爺（ia ˇ）哀（oi ´）：父母；麼（ma `）儕（sa ´）：什麼人；尋（qim ˇ）：找

> 釋 父母日夜都在想子子不知，誰能知曉子女能想爹娘否？天知地知自己也心裡有數，別找理由騙自己。

**115.** 爺哀想子子毋知，日出想到日落西，不孝還生不孝子，這个道理你愛知。

> 註 爺（ia ˇ）哀（oi ´）：父母；毋（m ˇ）：不；還（van ˇ）生（sen ´）个（ge）：個

> 釋 父母想子子不知，日出想到日落西，不孝還生不孝子，這個道理你要知曉。

**116.** 農業社會大家庭，一戶難合三姓人，心臼多就多事情，毋忍毋讓難安寧。

> 註 心（xim ´）臼（kiu ´）：媳婦；毋（m ˇ）：不

釋 昔日農業社會以大家庭居多，一戶有了三姓人，家就難和平相處，媳婦多就多事情，如不相互忍讓，家也不得安寧。

117. 寡婦門前是非多，莫去行前自然無，愁慮有雙好解勸，自家無雙無奈何。

註 行（hangˇ）前（qienˇ）：靠近
釋 寡婦門前是非多，別去靠近自然無，憂愁時有伴好相互規勸，自己無伴就無可奈何。

118. 滿女滿嬌嬌，無肉毋食朝，細人從細愛教好，第一要求品德高。

註 滿女：么女；滿嬌嬌：嬌滴滴；毋（mˇ）食（siid）朝（zeuˊ）：不吃早餐；細（se）：小
釋 么女嬌滴滴，沒肉不吃早餐，小孩從小要教育好，第一要求品德高。

119. 蒔田肥料落過頭，割禾正知有好愁，子弟從細惜過頭，成人長大就知愁。

註 蒔（sii）田：插秧；落：下；割禾（voˇ）：割稻；正（zang）：才；細（se）：小
釋 種稻肥料下過頭，稻作容易得病，造成欠收就會憂愁不已，小孩從小疼惜過了頭，長大成人會成了媽寶毫無主見和鬥志，也會讓父母擔憂不已。

**120.** 熟事地方無風景，媽祖有靈顯外莊，拜神何必走遠地，敬天愛先敬爺娘。

註 熟（sug）事（sii）：熟識；媽祖：比喻本地神祇；走（zeu`）：跑

釋 自己熟識地方早已習以為常，談不上有好風景的感覺，本地神祇也一樣，會吸引外莊客來膜拜的多，拜神何必跑遠方，敬天要先敬父母。

**121.** 窮人子弟早當家，富家子弟多敗家，惜子害子無志氣，成人長大正知差。

釋 窮人子弟能刻苦，容易成功當家，富家子弟多會敗家，父母太過疼的子女會沒志氣，長大成人才知錯。

**122.** 窮死毋耕丈人田，餓死毋入蘿蔔園，做人毋使賺大錢，只求子孝妻又賢。

註 毋（m˅）使：不必

釋 窮死不耕丈人田，撈不到好處，白幹；餓死也不進別人蘿蔔園偷吃，越吃越餓，白吃。做人不必一定要賺大錢，只要子孝妻賢就足矣！

**123.** 賢妻有度量，老公事業旺，凡事公婆有商量，家運一定慢慢昌。

註 度（tu）量（lion）：胸襟

釋 賢內助有度量，老公事業會興旺，凡事夫妻能共同商量，家運一定會慢慢昌盛。

124. 養子正知父母心，勤儉持家無偏心，爺哀
恩情毋曉報，望子成龍枉費心。

註 正（zang）：才；爺（iaˊ）哀（oiˊ）：父母；毋（mˇ）：
不

釋 養子才知父母心，父母勤儉持家對子女的愛是一視同仁
沒偏心，不懂報答父母恩情的人，想要望子成龍就枉費
心思了。

125. 姐仔個性愛端莊，毋好貪佢好嫁妝，勤儉
耐勞又善良，家運一定慢慢昌。

註 姐（jiaˋ）仔（eˋ）：太太；毋（mˇ）好：不可；佢
（iˇ）：她

釋 擇妻要找個性端莊的，不可貪取好嫁妝，只要能勤儉耐
勞又善良，家運一定慢慢會昌盛。

126. 姐仔脾氣好，家運一定好，容貌會隨年歲
老，脾氣係好正係寶。

註 姐（jiaˋ）仔（e）：太太；係（he）：如果；正（zang）
係（he）：才是

釋 太太脾氣好，家運一定好，容貌會隨年紀慢慢老去，如
果太太脾氣好才是最好的。

127. 積善人家後代昌，積惡人家漸漸亡，善惡
報應就恁強，毋好試試又腦傷。

註 恁（an）強：那麼強；試（cii）試又腦傷：不當回事

釋 積善人家的後代會繁衍昌盛，積惡人家的家道會慢慢中落，善惡報應就是那麼不可思議，不可不當回事。

---

128. 頭擺心臼難為人，天吂光就做事情，田事又多做又悿，暗晡歸屋無精神。

註 頭（teuˇ）擺（baiˋ）：從前；心（ximˊ）臼（kiuˊ）：媳婦；天吂（mangˇ）光：天未亮；田（tienˇ）事（se）：田裡工作；悿（tiamˋ）：累；暗（am）晡（buˊ）：晚上；歸（guiˊ）屋：回家

釋 從前媳婦真難為，天未亮就要忙做事，田裡工作多又累，晚上回家已毫無精神。

---

129. 頭擺心臼難做人，一屋難容三姓人，子嫂多就多事情，還有家娘會唸人。

註 頭（teuˇ）擺（baiˋ）：從前；心（ximˊ）臼（kiuˊ）：媳婦；子（ziiˋ）嫂（soˋ）：妯娌；家（gaˊ）娘（ngiongˇ）：婆婆

釋 從前的媳婦難做人，一屋難容三姓人，妯娌多就多事情，還有婆婆會嘮叨。

---

130. 頭擺客人戴山肚，做山做田又做埔，日日做到兩頭烏，就望子弟愛讀書。

註 頭（teuˇ）擺（baiˋ）：從前；客（hagˋ）人（nginˇ）：客家人；戴（dai）：住；山肚：山區；埔（puˊ）：旱

地；兩頭烏：早出晚歸不見太陽

釋 從前客家人僻居山區者多生活清苦，為了生計，要做山做田又做圍，天天早出晚歸不見天日，就是希望子弟愛讀書，脫離貧困的生活。

---

131. 頭擺耕田又耕山，農作運輸愛挨擔，挨爛肩頭衫挨爛，老來身體多毋堪。

註 頭（teuˇ）擺（baiˋ）：從前；挨（kaiˊ）：挑；毋（mˇ）：不

釋 從前耕田又耕山，農作運輸都要用肩挑，挑爛肩頭又挑爛衫，老來身體多不堪負荷。

---

132. 頭擺耕田真辛苦，愛靠勞力靠雙手，為了三餐好落肚，日日做到兩頭烏。

註 頭（teuˇ）擺（baiˋ）：從前；兩頭烏：喻早出晚歸不見天日

釋 從前耕田真辛苦，要靠勞力靠雙手，為了三餐好下肚，天天早出晚歸忙到不見天日。

---

133. 頭擺種田愛養家，細人交分老人家，露露罅罅管天下，成人長大也無差。

註 頭（teuˇ）擺（baiˋ）：從前；細（se）人：小孩；交分（bunˊ）：交給；露（lu）露罅（la）罅：服裝不整

釋 從前年青家長們要種田養家，小孩都交給老人家照顧，因貧窮，小孩幾都穿的衣不蔽體，環境雖不佳，但一樣

能養大成人。

---

**134.** 龍生龍來鳳生鳳，做人爺哀愛自重，心心念念爲大眾，子子孫孫會出眾。

註 爺（ia'）哀（oi'）：父母；出眾：出人頭地

釋 龍生龍鳳生鳳，老鼠兒子會打洞，做人父母也要自重，凡事不自私能一心為大眾設想，未來你的子孫就會出人頭地。

---

**135.** 聰明子弟顧自家，毋當戇倈戴屋下，賢孝爺哀無花假，老天自會保祐他。

註 毋（m'）當：不如；戇（ngong）：笨；倈（lai）：兒子；戴（dai）：住；屋（lug`）下（ka'）：家裡；爺（ia'）哀（oi'）：父母

釋 聰明孩子都外出賺錢顧自己，還不如笨一點的兒子住家裡會照顧父母，誠心孝順父母的心不虛假，老天自會保祐他。

---

**136.** 子女係𠊎心中寶，從細一定愛教好，毋求大富又大貴，就望平安身體好。

註 係（he）：是；𠊎（ngai'）：我；細（se）小；毋（m'）：不

釋 子女是我的心中寶，從小一定要教好，不求大富又大貴，就希望平安身體好。

第二篇
事業與友情

01. 一個籬笆三個樁，一條好漢三個幫，有事朋友來相捗，就像花開滿園香。

> 註 捗（ten）手（su`）：幫忙；個（ge）：個
>
> 釋 一個籬笆必須有三個樁才會穩固，一條好漢也要有多人相助才能成就。有事朋友能出手相助，就像花開滿園香一樣感覺是溫馨的。

02. 一張嘴就喋又喋，喊佢上臺無半垤，朋友相交莫使計，真心贏過話好喋。

> 註 喋（de）又喋：喋喋不休；佢（i）：他；垤（de）：塊；無半垤：形容沒內容
>
> 釋 平時講話喋喋不休，請他上臺又啞口無言毫無內容，朋友交往不可用心算計別人，真心誠意贏過多話語。

03. 一還一來二還二，朋友交情莫交利，貪圖小利人人畏，相互忍讓正生趣。

> 註 正（zang）生（sen´）趣（qi）：才有趣
>
> 釋 一是一二是二，是非分明，朋友交情莫交利，貪圖小利會讓人畏懼，相互忍讓才有趣。

04. 人心不足蛇吞象，交朋結友愛忍讓，用心計較忒會算，朋友情義會受傷。

> 註 忒（ted`）：太
>
> 釋 人心不足蛇吞象，結交朋友要相互忍讓，用心計較太會算，朋友的情義也會受傷。

05. 人生在世愛相幫，惡手毋當雙手強，人多自然有力量，朋友情義不能忘。

註 惡手：單手；毋（mˇ）當：不如

釋 人生在世要相互幫忙，單手那有雙手強，人多自然有力量，朋友情義不能忘。

06. 人生短短幾十年，花開花謝又一年，時間匆匆像射箭，大家共下愛惜緣。

註 共（kiung）下（ha）：一起

釋 人生短短幾十年，花開花謝又一年，時間匆匆像射箭，有緣相聚要惜緣。

07. 人生短短幾十秋，貧窮富貴莫強求，好子毋當好心臼，知己正能來解憂。

註 毋（mˇ）當：不如；心（ximˊ）臼（kiuˊ）：媳婦；正（zang）：才

釋 人生短短幾十年，貧窮富貴莫強求，好子不如好媳婦，知心朋友才能解憂愁。

08. 人生難得一知己，就愛相惜像自己，小小誤解愛化去，友情長存真歡喜。

釋 人生難得一知己，就要疼惜像自己，小小誤解要想辦法化解，友情長存真令人歡喜。

09. 人老毋使多煩惱，體健知足就係寶，知心
朋友實在好，貧窮富貴守到老。

註 毋（mˇ）使（siiˋ）：不必；係（he）：是

釋 人漸老是自然理不必多煩惱，能夠體健又知足就是最重
要的，知心朋友實在好，不論貧窮富貴都能相守到老。

10. 人前多說好言語，人後莫論人是非，莫爲
小利費心計，失了人緣少機會。

釋 人前多說好話，人後莫論人是非，莫為小利使心機，失
去了人緣就會少成功機會。

11. 人情歸人情，錢財愛分明，君子交心莫交
財，交財容易出事情。

釋 人情歸人情，錢財要分明，君子交往要用真情，有金錢
往來就容易出事情。

12. 人熟禮無熟，薄禮贏失禮，做人就愛知規
矩，禮尚往來正生趣。

註 正（zang）：才；生（senˊ）趣（qi）：生動又有趣

釋 人熟禮不熟，薄禮又勝失禮，這是人人耳熟能詳的道
理。做人就要懂規矩，禮尚往來才有趣。

13. 三山六水一分田，你我相識前世緣，莫爲
小事結仇恨，忍佢讓佢樂連連。

註 三山六水一分田：是地球的山、水和平原的比例；我
（ngoˊ）；佢（iˇ）：他

釋 地球的分配比例是三山六水一分田，你我相識都是前世
緣，要惜緣莫為小事來結冤仇，凡事忍讓就會樂連連。

---

14. 三年出得一狀元，三年難尋一知音，知己愛
當自家人，貪圖小利枉費心。

註 尋（qimˇ）；自（qid）家（gaˊ）：自己
釋 三年出得了一狀元，三年也難找一知音，知己愛當自家
人，貪圖小利枉費心。

---

15. 大哥莫笑二哥哥，兩个哥哥差毋多，交朋
結友愛忍讓，毋忍毋讓憾事多。

註 毋（mˇ）：不；个（ge）：個
釋 大哥莫笑二哥哥，兩個哥哥都差不多，狐狸莫笑貓，同
樣尾翹翹。結交朋友要忍讓，不忍不讓憾事多。

---

16. 良言善行勝過經，行善積德世代興，山藏
珠玉草木盛，朋友相交愛真心。

釋 良言善行勝過經，行善積德世代興，山藏珠玉草木盛，
朋友相交要真心。

---

17. 今生有緣一照面，前世多少香火緣，人生
短短幾十年，愛相憐惜愛惜緣。

釋 今生有緣一照面，是前世經過多少香火緣所累積來的。人生短短幾十年，要相互憐惜更要珍惜這難得的緣分。

---

18. 小小方便愛分人，日日會有好心情，讓人一寸得一尺，忍讓正係聰明人。

註 分（bun´）：給；正（zang）係（he）：才是
釋 小小方便要能施與人，天天就會有好心情，讓人一寸得一尺，懂得忍讓才是聰明人。

---

19. 友情真可貴，細義莫得罪，小小誤會會傷情，補漏傷疤也難退。

註 細（se）義（ngi）：小心
釋 友情真可貴，小心別得罪，小小誤會會傷害友情，雖然事後悔過懺悔，但舊傷難癒，陰影仍在。

---

20. 友情真可貴，話多易得罪，話出口前無想對，感情容易撞碎碎。

釋 友情真可貴，話多容易會得罪對方，話出口前沒想好就脫口而出，感情容易撞破碎。

---

21. 天頂星多月不明，陂塘魚多浪不平，朋友難尋係知己，友情有時勝親情。

註 天（tien´）頂（dang`）：天上；陂（bi´）塘（tong˘）：池塘；尋（qim˘）；係（he）：是

釋 天上星多就不能凸顯月亮的明亮，池塘魚多浪就不平
靜，朋友難覓是知己，友情有時勝親情。

---

22. **天頂無雲毋落雨，田無蒔禾毋得米，人生
難得係知己，一儕當過一畚箕。**

註 天（tien´）頂（dang`）：天上；毋（mˇ）：不；蒔
（sii）禾（voˇ）：插秧；係（he）：是；一儕（saˇ）：
一人；畚（bun）箕（gi´）：挑東西的竹製器具，此表多數

釋 天上無雲不下雨，田不插秧也不得米，人生難得是知
己，一人勝過一堆泛泛之交。

---

23. **出門聲聲阿二幾，困難容易化過去，毋好
粗裡又粗氣，事情就難會順利。**

註 阿（a´）二（ngi）幾（gi`）：日語大哥之意，此喻謙卑尊
重對方

釋 出門能夠以謙卑的態度尊重對方，遇到困難就容易化解
過去；如果處事粗裡粗氣，事情就會難順利。

---

24. **玉毋雕毋成器，子不教不知義，朋友相交
莫交財，毋好交財又交利。**

註 毋（mˇ）：不

釋 玉不雕不成器，子不教不知義，朋友交往莫交財，不可
交財又交利，交利友情容易會變質。

25. 玉蘭有風香三里，桂花無風十里香，朋友
金錢有來往，感情容易會受傷。

> 釋 玉蘭花開有風時也才飄香三里，桂花無風也能飄香十
> 里，喻人要充實內在。朋友金錢有來往，感情就會容易
> 受到傷害。

26. 交友莫交財，交財兩毋來，朋友錢財少往
來，急難多少也應該。

> 註 毋（mˇ）：不
> 釋 交朋友要交義不交財，交財容易傷和氣致不相往來。雖
> 言朋友莫交財，但急難時多少濟助一些也是應該的。

27. 交友愛真心，知音真難尋，小小誤會傷真
情，補漏愛費大精神。

> 註 尋（qimˇ）：找；補漏：消彌誤會
> 釋 交朋友要真心，因為知音難覓，縱使小小的誤會也會傷
> 害真摯的友誼，而要消彌誤會就要費大精神。

28. 交朋結友毋使多，知心一儕贏一籮，日日
利字心頭坐，朋友隻隻走過河。

> 註 毋（mˇ）使（siiˋ）：不必；儕（saˇ）：人；籮（loˇ）：
> 用來盛物的竹器；一籮：表多數；走（zeuˋ）：跑；走過
> 河：表離開
> 釋 結交朋友不必多，知心一人勝一簍，如果每天都把利字
> 掛心頭，朋友就會一個一個離開你。

29. 交朋結友愛真心，毋好見利目金金，貪了
    小利失了信，雞毛打鼓枉費心。

    註 目金金：目光如豆，一付貪得的模樣
    釋 交朋結友要真心，不能見利就起貪婪心，貪了小利會失
    去別人對你的信任，得不償失，就如雞毛打鼓是枉費心
    的。

30. 交隻知心不容易，誠信慢慢來堆起，誤會
    一旦來造成，情誼容易成過去。

    註 隻（zag`）：個
    釋 交個知心朋友不容易，是由誠信慢慢來堆起的，誤會一
    旦來造成，情誼很快會成過去。

31. 交隻朋友千萬語，斷隻朋友三兩語，多隻
    朋友多條路，惡語傷人愛注意。

    釋 交個朋友須千言萬語，切斷朋友情卻只要三言兩語，多
    個朋友多條路，惡語傷人要注意。

32. 先愛做朋友，再來做生理，人客多有貪小
    利，小小施惠得人氣。

    註 生（sen´）理（li´）：生意；人（ngin ˇ）客（hag`）：客
    人
    釋 先做朋友再做生意，客人多會貪小利，小小施惠就會匯
    聚人氣，一本萬利。

33. 在家千日好，出外半朝難，事業難免有困境，友情伸手度難關。

註 伸（cun´）手（su`）

釋 在家千日好，出外半朝難，事業經營難免會遭遇困境，只要有友情伸手相挺就可度過難關。

34. 有志就成龍，無志就成蟲，交友就愛來交龍，交著老鼠會打窿。

註 著（do`）：到；窿（lung ˇ）：洞

釋 人有志就會成功成龍，不立志一事無成將為人瞧不起，交友要交龍，交到老鼠會打洞，顯示交友的重要性。

35. 有能力愛無脾氣，溫和正會集人氣，朋友漸漸變知己，事業發展會順利。

註 正（zang）：才

釋 有能力也要有好脾氣，個性溫和才會聚集人氣，朋友漸漸變了知己，事業發展就會順利。

36. 𠊎有情來你有義，有情有義好兄弟，凡事就愛知讓利，爭得小利害自己。

註 𠊎（ngai ˇ）：我

釋 我有情你有義，有情有義就是好兄弟，凡事不要去爭利，爭得小利會害了自己。

37. 有腳毋驚無路行，有佛毋驚無殿坐，有錢
到處人情好，失敗朋友伸幾多。

註 毋（mˇ）：不；伸（cunˊ）：剩

釋 有腳不怕沒路走，有佛不怕沒殿坐。現實社會有錢到處
人情好，失敗時朋友還能有幾人。

38. 有錢人人喊大哥，無錢朋友漸漸無，勢利
人心無變過，人情多像兩面刀。

註 兩面刀：喻人情反覆

釋 有錢人人喊大哥，沒錢朋友就漸漸無，勢利人心沒變
過，人情多像兩面刀。

39. 有錢有酒多兄弟，急難何曾見一人，風光
時節人來尋，落難正會考驗人。

註 尋（qimˇ）：找；正（zang）：才

釋 有錢有酒多兄弟，急難何曾見一人，風光時候門庭若
市，落難時候才能考驗誰才是真朋友。

40. 老古人言句句真，良言一句勝黃金，知心
朋友真難尋，朋友相交愛真心。

註 尋（qimˇ）：找

釋 古人的智慧話語句句真，良言一句勝黃金，知心朋友難
尋覓，朋友相交要真心。

41. 自家三餐無米煮，去愁鄰舍無菜傍，關心
別人係應當，各人身分愛思量。

註 傍（bong`）：配；係（he）：是

釋 自己家三餐都沒米下鍋，還去擔心鄰居沒菜配，關心別
人是應當的，但各人也要考量自己的身分和處境。

42. 良言善語人歡喜，惡口傷人得人畏，朋友愛
知多鼓勵，相互忍讓正生趣。

註 正（zang）：才；生（sen´）趣：生動又有趣，好玩有意思

釋 良言善語人人喜歡，惡口傷人讓人畏懼，朋友之間要多
鼓勵，相互忍讓才有趣。

43. 居家愛擇鄰，交朋愛擇友，成功時節人來
聚，失敗考驗若朋友。

註 擇（tog）：選擇；若（ngia´）：你的

釋 居家要擇鄰而居，交友也要而擇益友而交。一個好漢三
個幫，成功時候人會聚，失敗才能考驗誰才是你的真朋
友。

44. 朋友交心莫交利，交利毋會有生趣，你有倕
無莫嘆氣，煞猛烏雲會過去。

註 毋（mˇ）：不；生（sen´）趣（qi）：生動又有趣、好
玩；倕（ngaiˇ）：我；煞（sad`）猛（mang´）：勤奮

釋 朋友要交心莫交利，交利遲早會出事，也沒意義，你有

我無也別嘆氣，只要勤奮，烏雲很快會過去。

45. **朋友交情莫交錢，誤會毋好藏心田，相互憐惜結好緣，唔好有錢頸偏偏。**

註 毋（mˇ）：不；頸（giangˋ）偏（pienˊ）偏（pienˊ）：態度驕傲無禮

釋 朋友要交情莫交錢，誤會不要藏心田，相互憐惜結好緣，不可有錢就態度傲慢無禮。

46. **朋友交情歸交情，莫談錢財無事情，家家都有家務事，盡量莫去麻煩人。**

釋 朋友交情歸交情，莫談錢財沒事情，家家都有難唸的經，盡量別去麻煩人。

47. **朋友共下真生趣，久久無見會想佢，食醉講話真嗒蒂，真想一腳踢醒佢。**

註 共（kiung）下（ha）：一起；真生（senˊ）趣（qi）：真有趣；佢（iˇ）：他；嗒（dab）蒂（di）：語無倫次

釋 朋友相聚真有趣，久久不見又會想念他，但酒醉講話又語無倫次喋喋不休，真想一腳踢醒他。

48. **朋友多就可相助，結冤多時無好處，多隻朋友多條路，結隻冤家擋財路。**

釋 朋友多可互相幫助，結冤多沒好處，多個朋友多條路，結個冤家會擋財路。

49. 朋友有閒打鬥敘，講講笑笑真生趣，毋好
輒輒去粉味，姐仔知得會譴死。

註 打（da`）鬥（deu）敘（xi）：各人分別出錢一起聚餐；生
（sen´）趣（qi）：生動又有趣；粉（fun`）味（mi）：
喻風月場所；輒（jiab）輒：經常；姐（jia`）仔（e`）：
太太；譴（kien`）：生氣

釋 朋友有空一起聚會打牙祭，說說笑笑真有趣，但不要經
常涉足風月場所，太太知道會氣死。

50. 朋友金錢有來往，感情慢慢會打斷，一皮
一角一粒汗，勤儉毋愁無錢賺。

註 一皮（piˇ）一角：喻小錢；勤（kiunˇ）儉（kiam）：勤
勞節儉；毋（mˇ）：不

釋 朋友金錢有來往，感情慢慢會打斷，每一分錢都是個人
努力的汗水所累積，只要勤儉就不愁沒錢賺。

51. 朋友難得係知音，毋好使計去騙人，成時
善意可原諒，別人也係聰明人。

註 係（he）：是；毋（mˇ）好：不可；成（sangˇ）時
（siiˇ）：偶爾；係（he）：是

釋 朋友難得是知音，不可使計去騙人，偶爾善意的欺騙尚
可原諒，別人也是聰明人。

52. 朋友相交愛真心，愛像兄弟一條心，使計
騙人會識破，日後相見像路人。

釋 朋友交往要真心，要像兄弟一條心，使計騙人終會被識
　破，日後相見就會像陌生路人。

---

53. 朋友相交莫貪利，相互忍讓正生趣，有緣
　　正會來相識，互相憐惜有意義。

註 正（zang）：才；生（sen´）趣（qi）：生動又有趣；正
　（zang）：才
釋 朋友交往莫貪利，相互忍讓才有趣，有緣才會來相識，
　要相互憐惜才有意義。

---

54. 朋友相交講信義，毋好淨想貪小利，貪了
　　小利失機會，鄉親朋友愛注意。

註 淨（qiang）：只
釋 朋友交往要講信義，不可只想貪小利，貪了小利會失去
　機會，鄉親朋友要注意。

---

55. 朋友相交講義氣，談錢容易傷和氣，交隻
　　朋友千萬句，失隻朋友三兩句。

釋 朋友相交要講義氣，談錢容易傷和氣，交個朋友千言萬
　語，失去朋友只要三兩句。

---

56. 知己朋友不容易，對待愛像親兄弟，愛相
　　惜相包容，毋好短視又近利。

註 毋（mˇ）好：不可

釋 結交知己朋友不容易，相互對待要像親兄弟，要互相憐惜互相包容，不可短視又近利。

57. 朋友遠方來，薄酒勝茶湯，做人毋好貪小利，有事有人會相幫。

註 毋（mˇ）好（hoˋ）：不可

釋 有朋自遠方來，薄薄酒勝茶湯，在家不會迎賓客，出外方知少主人。做人不可貪小利，有事就會有人會出手相助。

58. 朋友難得共一場，有事共下來商量，你贏𠊎輸也共樣，忍讓友情正久長。

註 共（kiung）下：一起；𠊎（ngaiˇ）：我；共（kiung）樣（iong）：一樣；正（zang）：才

釋 難得朋友一場，有事要一起來商量，你贏我輸也一樣，忍讓友情才能長久。

59. 朋友難得係知己，就愛惜緣像惜己，毋好自私貪小利，菜籃挍水枉心機。

註 係（he）：是；挍（kaiˊ）水：挑水

釋 朋友難得是知己，就要像疼惜自己一樣疼惜朋友，不要自私貪小利，貪的結果就會像菜籃挑水一樣枉費心機。

🎧 2

60. 知己朋友眞難尋，百萬人中難一人，落難
正能見眞情，相待就愛像親人。

註 尋（qim╰）：找；正（zang）：才

釋 知音難尋，百萬人中也難覓到一人，落難才能見真情，
相互對待就要像親人。

61. 知心朋友毋使多，酒肉朋友不如無，一個
知己勝一籮，重情重義暖心窩。

註 毋（m╰）使（sii╲）：不必；無（mo╰）

釋 知心朋友不必多，酒肉朋友不如無，一位知己就勝一堆
的泛泛之交，因為知己重情重義會暖心窩。

62. 好友難得愛惜情，惡口傷人會斷情，再想
休補傷疤在，愼言正係聰明人。

註 正（zang）係（he）：才是

釋 好朋友難得，要珍惜彼此間的感情，惡口傷人會斷情，
再想休補傷疤在，慎言才是聰明人。

63. 知心朋友像兄弟，莫爲小事傷和氣，相互
憐惜相忍讓，恁呢共下正生趣。

註 恁（an╲）呢（ne╰）：這樣；共（kiung）下（ha）：一
起；正（zang）生（sen╱）趣（qi）：才有趣

釋 知心朋友就像親兄弟，莫為小事傷和氣，要相互憐惜又
能相互忍讓，這樣在一起才有趣。

64. 知心朋友實在好，敢係前世好因果，垃圾
可以隨便倒，就曉排憂毋發火。

註 敢係（he）：難道是；毋（mˇ）：不

釋 知心朋友實在好，難道是前世的好因果來促成，胸中垃
圾可以隨便倒，就知排憂又不隨意發火。

65. 相逢何必曾相識，相識就係有緣人，千萬
人中識幾儕，毋曉惜緣係戇人。

註 儕（saˇ）：人；係（he）：是；戇（ngong）：傻

釋 相逢又何必曾相識，相識自是有緣人，千萬人中能識得
幾人，不懂得惜緣是傻子。

66. 有事多商量，花開滿園香，朋友雖然識過
醬，話語也愛多思量。

註 識過醬：交情深

釋 有事要多和他人多商量，不可剛愎自用，滿園花開自然
香。朋友雖言交情深，但話語間還是要多思量。

67. 秋淋夜雨當過肥，朋友難得係知己，相互
忍讓正生趣，毋好項項為自己。

註 當（dong）過：勝過；正（zang）生趣：才有趣；毋
（mˇ）好：不可

釋 秋天雨少，作物經過秋淋夜雨就勝過肥。朋友難得是知
己，相互忍讓才有趣，不可有凡事為自己的自私心態。

**68.** 苦瓜恁苦連皮食，甘蔗恁甜愛呸渣，交朋
結友目莫花，知己一儕贏一車。

註 恁（an`）：那麼；呸（pi）：吐；儕（sa´）：人

釋 苦瓜那麼苦可以連皮食，甘蔗那麼甜卻要吐渣，結交朋
友眼睛要放亮，得一知己勝過許多泛泛之交。

**69.** 家鄉久久歸一擺，山明水秀好所在，老友
見面聊頭擺，鄉親土親好自在。

註 歸（gui´）一擺（bai`）：回一趟；頭（teu´）擺（bai`）：
從前

釋 旅居他鄉，偶爾回鄉一趟，深深覺得家鄉美濃真是山明
水秀的好地方，老友見面都聊些從前的趣事，內心有鄉
親土親好自在的愉悅感覺。

**70.** 財富毋算係朋友，朋友一定係財富，朋友
互相來照顧，勝過黃金囤倉庫。

註 毋（m`）：不；係（he）：是；囤（dun`）：積聚

釋 財富不能算是朋友，而朋友一定是財富，朋友間能互相
照顧，勝過黃金囤倉庫。

**71.** 茫茫人海幾十億，交隻知己不容易，小小
誤會會分離，鄉親朋友愛注意。

註 係（he`）：是

釋 茫茫人海中有幾十億人口，想交個知己不容易，分開都
是小誤會，鄉親朋友要注意。

**72.** 起隻屋愛百千工，拆隻屋就三兩工，失隻朋友也共樣，三言兩語一陣風。

> 註 共（kiung）樣（iong）：一樣
>
> 釋 蓋間房子要費百千工，拆間房子就只要短短的三兩工，失去朋友也一樣，只要三言兩語的誤解，就會像一陣風般的飛走。

**73.** 高山頂項捉湖鰍，無影無跡講到有，話多一定會惹禍，閒事莫管心清幽。

> 註 頂（dang`）項（hong）：上面；捉（zog`）：抓住；湖鰍：泥鰍；無（mo）影無跡（jiag`）：沒有蹤跡
>
> 釋 高山上面沒水抓泥鰍，是不實際的無稽之談。話多一定會惹禍，不管他人閒事，心情自然清幽閒適。

**74.** 做人一定愛大方，毋好鳥肚狹心腸，朋友有事多商量，你贏偓輸也共樣。

> 註 毋（m）好：不可；鳥（diau´）肚狹（hab）心腸；心胸狹窄；偓（ngai）：我；共（kiung）樣（iong）：一樣
>
> 釋 做人一定要大方，不可心胸狹窄，朋友有事要多商量，輸贏也不必計較太多。

**75.** 做人毋好忒刻情，刻情容易會傷人，相互忍讓相照顧，你贏偓輸無事情。

> 註 忒（ted`）刻（kad`）情（qin）：太刻薄寡情；偓（ngai）：我

釋 做人不可太刻薄寡情，刻薄寡情容易會傷害人，朋友間
能相互忍讓也要互相照顧。不爭小利，如能懂得謙讓就
天下太平。

---

76. 做人愛有大肚皮，莫爲小利費心機，交朋
結友講信義，貪心無人會插你。

註 大肚皮：大肚量；插（cab`）：理

釋 做人要有大肚量，別為小利費心機，交朋友要講信義，
貪心沒人會理你。

---

77. 做人愛做大戇牯，莫去計較贏或輸，家無
戇牯難維護，有孝子弟勝讀書。

註 大戇（ngong）牯（gu`）：不爭憨厚的人；或（fed）

釋 做人要憨厚，凡事莫去計較贏或輸，家無憨厚不爭的子
弟很難維護，懂得孝順的子弟勝讀萬卷書。

---

78. 堵著事情想辦法，莫拆東牆補西壁，做人
頭家莫齧察，對待員工愛相惜。

註 堵（du`）著（do`）：碰到；齧（ngad`）察（cad`）：小
氣；頭（teu`）路（lu）：事業

釋 碰到事情要想辦法，不要用拆東牆補西壁方式，會留有
後遺症。當老闆能分享利潤不小氣，財散人會聚，對待
員工要愛惜。

79. 堵著事情愛忍耐，毋忍毋耐事變大，朋友
　　眞心來對待，傷了和氣毋自在。

註 堵（duˇ）著（doˋ）：碰到；毋（mˇ）：不
釋 碰到不如意的事情要忍耐，不能忍耐小事就會變大事。
　　朋友要真心對待，傷了和氣雙方都會感到不自在。

80. 強摘个瓜仔毋甜，強求个姻緣難圓，大家
　　相識有緣分，惜緣个人多助緣。

註 摘（zagˋ）；个（ge）：的；瓜（guaˊ）仔（eˋ）：瓜類
　　的統稱；毋（mˇ）：不
釋 強摘的瓜果未熟不甜，強求的姻緣非真愛也難圓滿，大
　　家相識都是緣份，懂得惜緣的人多助緣，容易成功。

81. 情誼慢慢積，朋友變知己，知心朋友眞難
　　尋，莫因誤會來分離。

註 尋（qimˇ）：找
釋 朋友間的情誼是慢慢累積而成，相互了解後朋友會變成
　　知己，知心朋友真難覓，莫因誤會來分離。

82. 魚愛靠水養，人愛靠人幫，有事朋友來商
　　量，就能理出好方向。

釋 魚要靠水養，人要靠人幫，所謂一個好漢三個幫。有事
　　朋友來商量，就能理出好方向。

83. 善騎先練馬，彈琴先調音，朋友相識滿天下，難尋知音一儕人。

註 尋（qim）：找；儕（sa）：人

釋 善騎者必先御馬，彈琴也要先調音，朋友相識滿天下，難覓一知音。

84. 買梨莫買蜂叼梨，剖開好壞正會知，交友愛交有情意，一儕當過一畚箕。

註 叼（diau）：叮咬；正（zang）：才；儕（sa）：人；畚（bun）箕（gi）：用來裝東西的竹製箕形器具

釋 買梨莫買蜂叼梨，剖開好壞才會知，交朋友要交有情意之人，一人勝過許多的泛泛之交。

85. 想來朋友也盡多，有食隻隻差毋多，失意時節半隻無，想起實在無奈何。

註 盡（qin）：很；隻（zag）隻：個個；半隻無：無影無蹤

釋 屈指算來朋友也不少，有利共享時人人表現都差不多，但當失意時又都跑得無影無蹤，想起現實的社會人心真是無可奈何！

86. 當家正知鹽米貴，長路正知路頭遠，好友毋驚事情難，好馬毋驚路頭遠。

註 正（zang）：才；路（lu）頭（teu）：路途；毋（m）：不

釋 當家才知鹽米貴，長路才知路途遠，有好友不怕事情

難，有好馬不怕路途遠。

---

87. 路遙知馬力，事久見人心，朋友相待心愛
誠，眞心換著朋友情。

註 著（do`）：到

釋 路遙知馬力，事久見人心，朋友相待要誠心，真心才能
換到真正的朋友情。

---

88. 甘願三年毋讀書，毋好一日近小人，小人
短視無情義，係畀黏著出事情。

註 毋（m´）：不；係（he）：如果；畀（bi`）：給；黏
（ngiam´）著（do`）；黏到

釋 寧可三年不讀書，不可一日近小人，小人短視近利不講
情義，如被黏上會出事情。

---

89. 榕樹恁大無直根，蠟燭細細一條心，朋友
相交莫貪利，事久一定見人心。

註 恁（an`）：那麼；細（se）細：細小

釋 榕樹雖大沒直根，小小蠟燭只有一條心，朋友相交要真
誠莫貪小利，事久一定見人心。

---

90. 算算朋友多如麻，交朋結友目莫花，有食
有尞坐共下，急難走到無半儕。

註 尞（liau）：玩；坐共（kiung）下（ha）：坐一起；儕

---

（sa∨）：人；無半儕：不見人影

**釋** 算算朋友也不少，結交朋友眼睛要放亮，有了吃喝就聚在一起，急難臨頭就跑到不見人影。

---

**91.** 輕霜打死單枝草，狂風難毀萬樹林，知心朋友真難尋，落難時節顯真情。

**註** 樹（su）林（lim∨）；尋（qim∨）

**釋** 輕霜可以打死單枝草，狂風卻毀不掉茂密的樹林，喻團結力量大，人多智慧廣。知心朋友真難覓，落難時候才能顯現真情。

---

**92.** 麼个藤生麼个瓜，麼个人講麼个話，龍交龍來鳳交鳳，人外有人莫自誇。

**註** 麼（ma`）个（ge）：什麼

**釋** 什麼藤就結什麼瓜，什麼人就講什麼話，龍交龍鳳交鳳，人外有人莫自誇。

---

**93.** 窮人要求毋使多，兩斗米就會唱歌，貧居鬧市無人識，風光時節朋友多。

**註** 毋（m∨）使（sii`）：不必

**釋** 窮人的要求不多，給兩斗米就會唱歌，貧居鬧市無人識，風光時候朋友多。

94. 頭泡水來二泡茶，三泡四泡正精華，好茶
　　普通看麼儕，毋係儕儕共樣茶。

**註** 正（zang）：才；麼（ma`）儕（sa˘）：什麼人；毋（m˘）
係（he）：不是；儕（sa˘）儕：任何人；共（kiung）樣
（iong）：一樣

**釋** 泡茶第一泡是洗茶水須倒掉，第二泡才有茶香，第三、
四泡最精華。選茶品質的好壞會視來訪友人身份有所區
別，不是任何人都泡同樣的茶。

95. 鯽魚泅上鯉泅下，禮尚往來知上下，知心
　　朋友無幾儕，你贏倕輸也無差。

**註** 上下：長幼；幾儕（sa˘）：幾人；倕（ngai˘）：我；無
差：不計較

**釋** 鯽魚游上鯉魚游下，是這兩種魚產卵時的習性，禮尚往
來要知尊卑。知心朋友沒幾人，贏輸也不必太過計較。

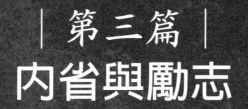

第三篇
內省與勵志

01. 一人一樣心，難滿眾人心，見利就起妄想心，一定做無好事情。

> 釋 每個人都有獨立的思維，個人意見難以滿足眾人的心。一個人如果見到利益就起貪婪的妄想心，一定做沒好事情。

02. 一人熟一行，各人無共樣，係能用心往裡鑽，弱雞也會變強將。

> 註 共（kiung）樣（iong）：一樣；係（he）：如果
> 釋 一人熟一行，各人專長不一樣，凡事如能用心往裡鑽，弱雞也會變強將。

03. 一人難合千人意，別人想法由佢去，𠊎無自私爲自己，日後一定人會知。

> 註 佢（iˇ）：他；𠊎（ngaiˇ）：我
> 釋 人上一百形形色色，想法各異，一人的想法難合眾人意，他人想法就由他去吧！我不自私為自己，日後他人一定會知道你無私的真相。

04. 一個和尚一套經，一人愛有一藝精，田地毋虧做田人，煞猛泥土變黃金。

> 註 个（ge）：個；毋（mˇ）：不；煞（sad`）猛（mangˊ）：勤奮
> 釋 一個和尚有一套自己熟知的經典，每個人也要有一門專精的謀生技藝，一藝不精會誤終身。田地不會虧待辛勤

耕作的人，只要勤奮泥土也會變黃金。

---

05. **好壞全在一片心，各行各業有專精，他人好壞莫去論，管好自家正聰明。**

註 正（zang）：才

釋 任何事情的好壞全由心的經營決定，各行各業有專精，他人好壞莫去談論計較，管好自己才是聰明人。

---

06. **一山過了又一山，百般頭路百般難，煞猛打拚毋好閒，求人會比登天難。**

註 煞（sad）猛（mang）：勤奮；毋（m）好（ho）：不可

釋 一山過了還有一山，百般工作百般難，平日要努力工作不可遊手好閒，要知道求人比登天難。

---

07. **一皮竹殼包一想，人心難測水難量，成功之路路頭長，刻耐就能達理想。**

註 一皮（pi）：一片；一想（xiong）：一節；路頭長：路途遠；刻（kad）耐（ngai）：刻苦又忍耐

釋 一片竹殼包一節竹子，人心難測水難量，成功之路路途遠，刻苦忍耐就能達成理想。

---

08. **一回生來兩回熟，變成專家人會服，後生時節書多讀，成功之路有幫助。**

註 後（heu）生（sang）：年輕

---

釋 任何事都是一回生二回熟，變成專家別人就會信服，年輕時要多讀書，對未來的成功之路會有幫助。

---

09. 一時失志莫多愁，腳步踏差愛回頭，浪子回頭金不換，雲開慢慢見日頭。

註 差（ca´）：錯；日（ngid`）頭（teuˇ）：太陽
釋 一時失志別多愁，腳步踏錯要及時回頭，浪子回頭金不換，烏雲散去就會慢慢見到太陽。

---

10. 一時失志莫怨天，毋使求神又問仙，𠊎用煞猛同佢拚，雲開日出見青天。

註 毋（mˇ）使：不必；𠊎（ngaiˇ）：我；煞（sad`）猛（mang´）：勤奮；佢（iˇ）：它
釋 一時失志莫怨天，不必求神又問仙，我用勤奮和它拚，終會雲開日出見青天。

---

11. 一等二靠三落空，一想二做三成功，做人做事莫爭功，係能無過便係功。

註 係（he）：如果
釋 凡事要有計畫要靠自己，一等二靠三就落空，一想二做三就會成功，做人做事莫爭功，如能無過便是功。

---

12. 一嘴就怕掛雙舌，一石就驚九斗無，做人誠信第一寶，空話無實不如無。

註 一嘴（zoi）掛雙舌（sad）及一石（sag）九斗無（mo˘）：均為話多不實或謊言多真話少

釋 一嘴掛雙舌和一石九斗沒皆屬話多不實。做人誠信最重要，不切實際的空話不如無。

---

13. 想愛成功多思考，一樣事有百樣做，各熟一行多思考，成功機會跈等多。

註 跈（ten˘）等：跟著

釋 想要成功要多思考，一種事情有多種的處理方式，各人專長不一，只要心無旁鶩多思考努力奮鬥，成功機會就會跟著多。

---

14. 一藝毋精誤終身，萬事想通項項空，好食懶做毋停動，萬貫家財也會空。

註 毋（m˘）：不；毋（m˘）停（tin´）動（tung´）：不勞動

釋 一藝不精會誤終身，想要樣樣精通就會樣樣稀鬆，好吃懶做不勞動，萬貫家財也會坐吃山空。

---

15. 七分鑼鼓三分唱，七隻和尚八樣腔，有人刻佛有人相，各人專業無共樣。

註 共（kiung）樣（iong）：一樣

釋 七分鑼鼓三分唱，顯示良好輔助有加分作用，而七個和尚八樣腔，人多嘴雜就難獲共識。有人刻佛就有人會相佛，各人專業不同，要互相尊重。

16. 九重花開滿樹紅，看著美景心頭鬆，做人做事愛努力，功成名就顯祖宗。

註 著（do`）：到

釋 九重葛花開滿樹紅，看到美景心輕鬆，做人做事要用功，功成名就會光耀祖宗。

17. 人人都有小聰明，你無比人較精靈，做人莫貪小便宜，愛憑良心做事情。

註 較（ka）；便（pienˇ）宜（ngiˇ）

釋 人人都有小聰明，你沒比別人更精靈，做人莫貪小便宜，要憑良心做事情。

18. 人人想做阿二幾，毋好自私顧自己，利愛分享像兄弟，財散自然人會聚。

註 阿（aˊ）二（ngi）幾（gi`）：是日語的大哥；毋（mˇ）好：不可

釋 人人都想當大哥，先決條件就是不能自私顧自己，利益要像兄弟般分享，財散自然人會聚。

19. 人人頭頂一片天，莫攀莫比較清閒，他人好壞愛尊重，平安知足樂連天。

註 較（ka）：比較

釋 人人頭上都有一片天，做事只要盡力莫攀比生活將會過得較為清閒。凡事要先懂得尊重他人，平安知足就會快樂無邊。

20. 人力無牛大，人情大過債，千斤擔頭自家挷，
人心燒冷莫去怪。

註 自（gid）家（ga´）：自己 挷（kai´）：挑；燒冷：冷暖

釋 人力沒牛大，人情債難償，千斤重擔要自已挑起，不可
寄望別人伸出援手，也不必責怪人世間的人情冷暖。

21. 人不求人心頭定，事不求人有自信，求人
像吞三寸劍，靠哥靠嫂也難信。

釋 人不求人內心就輕鬆安定，事不求人就是自信的表現，
求人像吞三寸劍，依靠兄嫂也難相信。

22. 人心一般般，這山望該山，到了該山也一
樣，守好本份求發展。

註 該（ge）山：那山

釋 人心都一般的好高騖遠，站在此山望彼山，到了彼山感
覺也是一般般，不如守好本份再求發展。

23. 人正毋驚日影斜，心正毋驚流言多，清者
自清莫多言，話語少時少惹禍。

註 人正（zang）：人站直；毋（mˇ）驚：不怕；心正
（zang）：正直

釋 人站得正就不怕日影斜，心正也不怕流言多，清者自清
話不必多，話語少時少惹禍。

24. 人生一條路，愛行自家路，堵著困難愛忍
    受，毋好攀親又帶故。

　　註 自（cii）家（ga´）：自己；堵（du`）著（do`）：碰
    　　到；毋（m˘）好：不可
　　釋 人生一條路，要靠自己用心經營走自己的路，碰到困難
    　　要忍受，不心存攀親帶故找關係的念頭。

25. 人生短短似來遊，凡事何必去強求，無常
    毋知何時到，莫攀莫比心自由。

　　註 毋（m˘）知：不知
　　釋 人生短短似來遊，凡事何必去強求，無常不知何時到，
    　　只要莫攀莫比，心就能自由遨翔。

26. 人生短短似來遊，煞猛知足項項有，功名
    利祿莫強求，快樂一生少煩憂。

　　註 煞（sad`）猛（mang´）：勤奮
　　釋 人生短短似來遊，只要努力又知足就不缺，功名利祿莫
    　　強求，會快樂一生少煩憂。

27. 人生短短幾十年，高官厚祿一時間，係無
    積德又貪財，萬貫家財也係閒。

　　註 係（he）無（mo˘）：如果沒有；也係閒：會落空
　　釋 人生匆匆幾十年，高官厚祿也只是短暫的一時間，如不
    　　積德又貪財，到最後貪得的萬貫家財也會落空。

28. 人生短短無幾長，好花能有幾時香，後生
時節莫浪蕩，無拚老來無福享。

**註** 後（heu）生（sang´）：年輕

**釋** 人生短短沒多長，好花能有幾時香，年輕時候別浪蕩，
不拚老來就無福可享。

29. 人生路上有輸贏，失敗也愛擔輸贏，做事
莫淨等天晴，失志會分人看輕。

**註** 擔（dam´）輸（su´）贏（iang∨）：自我承擔；淨（qiang）：
只；分（bun´）：給

**釋** 人生路上有輸贏，失敗也要自己承擔，不可只等待天晴
才要出門工作，失志會讓人瞧不起。

30. 人生道路漫漫長，堵著逆境愛堅強，月頭
月尾光明少，月到十五放光芒。

**註** 堵（du∨）著（do`）：碰到

**釋** 人生道路漫漫長，碰到逆境要堅強，月頭月尾沒月光，
月到十五就會放光芒。

31. 人生漫漫路頭長，福禍相依係平常，落難
時節愛堅強，烏雲散去見太陽。

**註** 係（he）：是

**釋** 人生漫漫路途遙，福禍相依不足為奇，落難時候要堅
強，烏雲散去就可見到太陽。

**32.** 人用兩腳走輸馬，各人智慧有爭差，隨順因緣施教化，毋好逼牛去逐馬。

註 走（zeu`）：跑；爭（zen´）差（ca´）：差別；毋（m˅）好：不要；逐（giug`）：追

釋 人用兩腳跑輸馬，各人智慧有差別，要隨順因緣因才施教，不可魯莽逼牛去追馬，將徒勞無功。

**33.** 人有千百樣，一人熟一行，毋使項項比人強，專精一藝定食香。

註 毋（m˅）使：不必

釋 人有千百種，技藝一人熟一行，不必每樣比人強，專精一藝會吃香。

**34.** 人老話多真孤盲，斜樹難倒根紮著，做人只愛根基好，行遍天下無煩惱。

註 孤（go´）盲（mo´）：罵人的語、很壞；紮（zad`）：纏束；著（do`）：到

釋 人老話多讓人討厭，斜樹難倒是根紮的緊，做人只要根基好，行遍天下無煩惱。

**35.** 人非聖賢誰無過，有心犯過人毋多，人有小過愛放過，人緣係好機會多。

註 毋（m˅）：不；係（he）：如果

釋 人非聖賢誰能無過，有心犯過的人並不多，人有小過要放過，如果人緣好，助緣多機會也多。

**36.** 人係鐵來飯係鋼，三餐毋使食恁像，少食多動身體壯，煞猛打拚事業旺。

註 係（he）：是；毋（m）使（sii）：不必；恁（an）像：那麼好；煞（sad）猛（mang）：勤奮

釋 人是鐵飯是鋼，三餐不必吃太好，少吃多動身體壯，努力打拚事業旺。

**37.** 人品毋高因為利，學業不進總係懶，春天糖蜂無好閒，煞猛正可度難關。

註 毋（m）：不；總係（he）：總是；糖蜂：蜜蜂；煞（sad）猛（mang）：勤奮；正（zang）：才

釋 人品不高是因為利誘，學業不精進總是懶惰不讀書，春天蜜蜂採蜜忙，做人也要努力工作，才能度過重重難關。

**38.** 人家有錢莫去騙，貧窮富貴總由天，邪心邪術無改變，老天一定會發現。

釋 人家有錢不要設法去騙取，只要盡人事，貧窮富貴就聽天由命不強求。如果你的邪念心態不改，老天一定會發現，不會讓你得逞圓夢的。

**39.** 人情歸人情，是非愛分明，煞猛孝順逢貴人，水深自有造橋人。

註 煞（sad）猛（mang）：勤奮

釋 人情歸人情，是非要分明，勤奮又孝順的子弟會逢貴人，水深自有造橋人，遇事也會逢凶化吉。

---

40. 人無三代窮，煞猛莫奸雄，愛積餘糧好過冬，梟兄騙弟到尾窮。

註 煞（sad`）猛（mang´）：勤奮；奸（gian´）雄（hiungˇ）：有才智卻狡詐的人；梟（hieu´）：欺騙；梟兄騙弟：以不正當的手段欺騙他人

釋 窮人無窮種，人無三代窮，只要努力又不狡詐，就能改善困境，積有餘糧好過冬；若以不正當的手段欺騙他人，最終還是會步入窮苦一途。

---

41. 人愛妝來佛愛扛，有錢出門面有光，暫時貧窮心愛定，煞猛就能度災荒。

註 煞（sad`）猛（mang´）：勤奮

釋 人要打扮佛要人扛，有錢出門面有光，暫時貧窮心要沉著莫慌張，勤奮就能走出困境。

---

42. 人靚毋多使化妝，人多自然力就強，人媸心地愛善良，一定贏過靚身裝。

註 靚（jiang´）：漂亮；毋（mˇ）多使（sii`）：不太需要；媸（ze`）：醜

釋 人長得漂亮，就不太需要化妝，人多自然力就強，人雖長得不出眾，但有善良的心也會贏過虛有其表化妝。

**43.** 人靚毋使新衣裳，心善會有好面相，做人做事有度量，事業發展會康莊。

註 靚（jiang´）美；毋（m̆）使（sii`）：不必；度（tu）量（liong）：胸襟；康莊：平順好走

釋 人美不必新衣裳，心地善良的人會有好面相，做人做事有肚量，事業就發展就會平順。

**44.** 刀仔忒利會遽壞，人忒聰明會緊敗，千年大樹慢慢大，鋒頭忒利人會怪。

註 忒（ted`）：太；遽（giag`）：快；緊（gin`）：快

釋 刀子太利使用量大，磨損快就容易壞，人太聰明愛表現也會遭嫉容易失敗，千年大樹是慢慢長大，鋒芒太露容易遭人嫉妒和責怪。

**45.** 十七十八當後生，打拚事業趁年輕，後生浪蕩毋省儉，水打高山也會平。

註 當（dong）：正；後（heu）生（sang´）：年輕；毋（m̆）：不；省（sang`）儉（kiam）：節儉

釋 十七十八正年輕，正是努力打拚事業的時候，如果年輕時浪蕩不節儉，萬貫家財也會像水打高山一樣會被剷平。

**46.** 十個光頭九個富，一個無富有緣故，你係信佢又好賭，一定輸到面烏烏。

註 個（ge）：個；係（he）：如果；佢（i˅）：它；面烏烏：面色如土

釋 十位光頭九位富，一位不富必有緣故，這只是傳說不足信。你如果信它不努力工作又好賭，一定輸到慘兮兮面色如土。

---

**47.** 又勤又儉倉滿穀，愛嫖愛賭戴壞屋，稗仔恁靚毋出穀，死愛面子到尾苦。

註 戴（dai）：住；稗（pai）仔（e˅）：一年生草本植物，葉子像稻，果實像黍；恁（an˅）：那麼；靚（jiang´）：漂亮；到（do）尾（mi´）：最終

釋 又勤又儉就穀滿倉，愛嫖愛賭就只能住壞屋，稗子長得那麼漂亮也結不成穀子，一個人如果死愛面子，花費大最終就會受苦。

---

**48.** 三個婦人講丈夫，三個秀才講讀書，百項頭路有人做，勤儉打拚毋會輸。

釋 三個婦人在一起談的是丈夫，三個秀才在一起談的是讀書，百工百藝有人做，只要勤儉又努力也一樣會成功。

---

**49.** 上士剮人用筆刀，不見傷口利過刀，腳步踏差麼儕無，你無比人較清高。

註 上士：上等人；剮（cii˅）人：殺人；麼（ma˅）儕（sa˅）：何人；較（ka）

釋 孔子認為，上等人殺人用「筆伐」，中等人用「口

誅」，下等人用「武力」，因此上士殺人用筆刀，不見傷口利過刀。腳步踏錯人人有，要原諒別人過失，因為你也不比別人清高。

---

50. 久賭神仙輸，十苦九有補，毋驚日晒也雨涿，食苦正會來了苦。

註 涿（dug`）：淋；正（zang）：才

釋 久賭神仙也會輸，十分的辛苦耕耘九分會有收穫，為了生活不怕日晒雨淋，只有吃苦才會了苦。

---

51. 凡事用心多思量，毋好試試又腦傷，失敗一定愛堅強，路係行對不驚長。

註 毋（m˘）好：不可；試（cii）試腦傷：粗心大意；係（he）：如果

釋 凡事要用心思考，不可粗心大意，失敗時一定要堅強，路走對了就不怕路遠。

---

52. 凡事有好就有壞，堵著事情愛化解，毋使緊張愛忍耐，百步棋有百步解。

註 堵（du˘）著（do`）：碰到；毋（m˘）使：不必

釋 凡事都是好壞參半，碰到事情就要設法化解，不用緊張要忍耐，百步棋自有百步解。

**53.** 凡事計較心中苦，分兜人贏毋算輸，平安知足第一富，幸福毋使行遠路。

註 分兜（deuˊ）人：分些與人；毋（mˇ）：不；毋（mˇ）使（siiˋ）：不必

釋 凡事與人斤斤計較心中必定苦悶，利益分享於人可創造雙贏，平安知足第一富，幸福就在當下不必遠求。

**54.** 凡事就愛多用心，钁頭底下有黃金，食人四兩還半斤，人間可貴感恩心。

註 钁（giogˋ）頭：鋤頭

釋 凡事就要多用心，鋤頭底下有黃金，勤能補拙。吃人四兩要能還半斤，人間最可貴的就是感恩心。

**55.** 千金小姐學插花，𠊎為三餐戴笠嫲，日晒雨涿𠊎不怕，翻身一定靠自家。

註 𠊎（ngaiˇ）：我；笠（libˋ）嫲（maˇ）：斗笠；涿（dugˋ）：淋

釋 千金小姐可以悠閒的學插花，我卻要為了三餐戴著斗笠辛勤工作，日晒雨淋我不怕，翻身一定要靠自己。

**56.** 口不饒人心底善，嘴甜舌滑藏迷奸，和氣待人莫用騙，話出口前信為先。

註 嘴（zoi）甜舌（sad）滑（vad）：油腔滑調

釋 口不饒人心底善，是恨鐵不成鋼；油腔滑調的人，多心存狡詐，不得不慎！待人要和氣，不可使用騙術，話出

口前要信先行。

---

**57.** 口唸阿彌陀，後背藏大刀，修行先愛修口德，心有邪念修毋好。

註 後（heu）背（boi）：背後；毋（mˇ）：不

釋 口唸阿彌陀佛，背後藏大刀，是假慈悲，修行先要修口德，心有邪念修不好。

---

**58.** 大地載物聘無聲，細細本事愛恬恬，愛用智慧愛煞猛，他日成功好名聲。

註 聘（pin`）：商議妥當；細（se）：小；恬（diamˊ）恬：安靜；煞（sad`）猛（mangˊ）：勤奮

釋 大地承載萬物寂靜無聲，個人有了小小本事也要保持靜默不張揚。做事要運用智慧要努力，他日成功就會獲得好名聲。

---

**59.** 大樹底下好寮涼，有事多同人商量，惡手哪有雙手強，眾人智慧係良方。

註 寮（liau）：休息；惡（og`）手（su`）：單手，也指能力強的個人；哪（nai）有：那有；係（he）：是

釋 大樹底下好乘涼，有事多和人商量，單手那有雙手強，眾人智慧是良方。

---

**60.** 大樹恁榮有枯枝，人多嘴雜多是非，做人就愛明道理，橫打直過無藥醫。

註 恁（an`）：那麼；橫（vang´）打直（ciid）過：蠻橫不講
理

釋 榮茂的大樹也會有枯枝，人多嘴雜多是非，做人就要明
道理，橫行霸道蠻橫不講理就無藥可醫。

---

61. **女追男隔層紙，男追女隔層牆，後生時節
愛自強，一定尋有好對象。**

註 後（heu）生（sang´）：年輕；尋（qim´）：找

釋 女追男隔層紙，輕而易舉，男追女隔層牆，困難重重。
年青時候能自立自強認真打拚，一定會找到好對象。

---

62. **山外有山樓外樓，還有高峰在前頭，暫時
失意毋使愁，煞猛就會有出頭。**

註 前（qien´）頭（teu´）：前面；毋（m´）使（sii`）：不
必；煞（sad`）猛（mang´）：勤奮

釋 青山無盡樓閣連綿，還有高峰在前頭，暫時失意不用
愁，努力就會有出頭天。

---

63. **山坑水清清，人心難安寧，堵著事情心愛
靜，強求做無好事情。**

註 坑（hang´）：兩山中間的凹陷處；堵（du´）著（do`）：
碰到

釋 山坑的水清澈無比，人心雜念多難安寧，碰到事情要靜
心思考處理，強求就難有好結果。

**64.** 山河大地久久長，日頭一出放光芒，日落西山還有月，短暫失意心莫慌。

> **釋** 山河大地久久長長，大地為主人為客，太陽一出放光芒，太陽下山還有月光，暫時的失敗別心慌，只要立志，就有雲開日出的光明期待。

**65.** 山高水流長，海深行大船，做人有量又想長，事業發展會康莊。

> **釋** 山高水流就長，海深才可行大船，做人有肚量又思維周密，事業發展會平坦寬廣。

**66.** 山歌四縣海陸齋，倒頭來做感覺怪，老古人言盡實在，智慧像寶愛信賴。

> **註** 盡（qin）：非常
> **釋** 唱山歌要用四縣腔，人往生做齋要唸海陸腔，這是規矩，如果倒頭來做會感覺怪，古人所言非常實在，老人智慧像個寶值得信賴。

**67.** 不孝又想子孫賢，好食又毋去耕田，煞猛一定有錢賺，心善正會造福田。

> **註** 煞（sad`）猛（mang´）：勤奮；正（zang）會：才會
> **釋** 不孝父母又想子孫賢，好吃又不肯去耕田，兩者都是不切實際的想法。勤奮一定有錢賺，心善才會造福田。

68. 公庫有錢有人貪，良田恁好無人耕，勤儉
去做莫計較，知足个人贏先生。

註 恁（an`）：那麼；个（ge）：的；先（xin´）生（sang´）：
老師、醫生

釋 公庫的錢有人貪，良田那麼好卻無人耕，勤儉莫與人
爭，知足人的心境勝過富裕的醫生。

69. 分人食傳名聲，自家食囤屎盎，項項愛贏
又小氣，人人看著人人嫌。

註 分（bun´）：給；囤（dun`）屎盎（ang´）：堆糞坑；著
（do`）：到

釋 東西能與人分享會傳揚好名聲，自己獨吞只是填糞坑，
如果凡事都要爭贏又小氣，就會遭人嫌棄。

70. 分享个愛特別甜，分攤个擔特別輕，真心
付出無虛假，老天一定分你贏。

註 个（ge）：的；分（fun´）攤；分（bun´）你：給你

釋 分享的愛特別甜，分攤的擔子也感覺特別輕，凡事能真
心付出無虛假，老天一定不會虧待你。

71. 天理做事莫自欺，莫貪小利費心機，做人
處事靠智慧，貪了小利失機會。

釋 天理做事莫自欺，莫貪小利費心機，做人處事要靠智
慧，貪圖小利會失人緣，助緣少就會失去成功的機會。

**72.** 天頂有彩霞，海肚有龍蝦，順其自然無花假，做人莫淨為自家。

**註** 天（tien´）頂（dang`）：天上；淨（qiang）：只；自（gid）家（ga´）：自己

**釋** 天上有彩霞，海裡有龍蝦，這一切都是順其自然毫不虛假的事，做人也要效法自然，不能只自私顧自己。

**73.** 天頂恁高難丈量，人心難測水難量，善待眾生好心腸，惡運自難近身旁。

**註** 天（tien´）頂（dang`）：天空；恁（an`）：那麼

**釋** 天空那麼高難丈量，人心難測水難量，用慈悲的好心腸善待眾生，惡運自難近身旁。

**74.** 天頂跌下係鳥屎，地上拈著係狗屎，懶尸分人看不起，煞猛毋愁無錢使。

**註** 天（tien´）頂（dang`）：天空；係（he）：是；拈（ngiam´）著（do`）：撿到；懶（lan´）尸（sii´）：懶惰；分（bun´）：給；煞（sad`）猛（mang´）：勤奮

**釋** 天上掉下的只有鳥屎，地上撿得到的也只有狗屎，懶惰會讓人瞧不起，努力就不愁沒錢用。

**75.** 天變一時間，人變一世人，人微言輕愛自重，閒事莫管聰明人。

**釋** 天侯的變化在一瞬間，人要改變觀念是難上難，因為世

事都好去，脾氣難化了。人微言輕要自重，莫管閒事才是聰明人。

## 76. 文人紙上筆如刀，事問三老學得多，破樵毋曉看紋路，蠻力就會用得多。

註 三老：喻有經驗的老人；樵（ceu）：當燃料的木材；毋（m）：不

釋 文人報國無他物，只有紙上筆如刀，事問三老會學得多，劈柴不懂看紋路，蠻力就會浪費多。

## 77. 文章草草皆千古，仕宦匆匆只十年，做官一定愛清廉，毋驚食飯會攬鹽。

註 仕（sii）宦（fon）：為官；毋（m）驚：不怕；攬（giau）：拌

釋 文章雖草草但能留傳千古，為官的時間總是短暫的，何必強求，所以當官一定要清廉，要為人民謀福祉，那怕吃飯會只拌鹽。

## 78. 日日早䟓心頭靜，讀書做事好心情，係能善用每朝晨，耐心一定會贏人。

註 早䟓（hong）：早起；係（he）：如果；朝（zeu）晨（siin）：早晨

釋 天天早起心靜思慮佳，讀書做事都會有好心情，如能善用每個晨起時光，耐心一定會有所得，也會容易贏過別人。

79. 日日想愛做頭家，看人賺錢心就野，無本事又目珠花，到尾了到喊阿爸。

> **註** 目（mug`）珠（zu´）：眼睛；到（do）尾（mi´）：最終；著（do`）：到
>
> **釋** 天天做夢想當老闆，看人賺錢就起野心，無本事又沒眼光，急亂投資的結局就是虧本收場。

80. 日出東山落西山，水流東海回頭難，打拚事業莫驚煩，人無兩度又少年。

> **釋** 日出東山落西山，水流東海回頭難，打拚事業別怕煩，時間和機會稍縱即逝，人無兩度又少年。

81. 日看日出知東西，夜看星斗知南北，天地運行有規則，做人毋好失人格。

> **註** 毋（m˘）好：不可
>
> **釋** 日看日出就知東西，夜看星斗就知南北，天地運行有規則，做人不可失去人格。

82. 日頭一出放光芒，男兒立志在四方，咬薑啜醋出去拚，光宗耀祖歸故鄉。

> **註** 日（ngid`）頭（teu）：太陽；咬（ngau´）薑（giong´）啜（cod`）醋（cii）：刻苦耐勞；歸（gui´）：回
>
> **釋** 太陽出來光芒四射，男兒立志在四方，秉持著刻苦耐勞的精神出外打拚，終會有光宗耀祖回故鄉的一天。

83. 日頭一出照四方，滿園花開一等香，爲君勤政又善良，萬民擁戴國運昌。

註 一等：第一

釋 太陽一出照四方，滿園花開處處香，倖得高位的君主要能勤政又善良，萬民擁戴國運一定昌盛。

84. 日頭普照萬物昌，滿園花開自然香，凡事就愛知禮讓，積德行善人讚揚。

註 日（ngid`）頭（teuˇ）：太陽

釋 太陽普照，萬物繁衍昌盛，滿園花開自然四處飄香。凡事就要知禮讓，積德行善的人，會獲得他人讚揚。

85. 日頭落山有月光，暫時失意心莫慌，煞猛省儉又善良，一定可以度災荒。

註 日（ngid`）頭（teuˇ）：太陽；煞（sad`）猛（mangˊ）：努力；省（sang`）儉（kiam）：節儉

釋 太陽下山有月光，暫時失敗莫心慌，工作認真又節儉善良，一定會成功度過危難。

86. 月光山下種樹薯，改歸屋下畜大豬，上山打林眞辛苦，就望子弟愛讀書。

註 月光山：美濃山系最高峰，海拔649公尺；改（goi`）：挖；歸（guiˊ）：回；屋（lug`）下（kaˊ）：家裡；畜（hiug`）：養；打（da`）林（naˇ）：開闢荒野林地

釋 月光山下種樹薯，挖回家裡養大豬，上山墾荒真辛苦，
就希望子弟愛讀書。

---

87. 木匠師父無差分，泥水師父無差寸，行業
有別相尊重，毋係專業莫去論。

註 木匠（xiong）；毋（mˇ）係（he）：不是

釋 木匠師父的手藝不能差分，泥水師父的手藝也不能差到
寸，行業有別要互相尊重，不是自己的專業別去評論。

---

88. 毋下死功夫，難有好手路，做事頭尾係毋
顧，一定做無好頭路。

註 毋（mˇ）：不；手（suˋ）路（lu）：本事、功夫；係
（he）：如果；頭（teuˇ）路（lu）：職業、工作

釋 不下死功夫，難學有好手藝，做事如思慮不週沒能頭尾
兼顧，一定做沒好工作。

---

89. 毋怕事情多，就怕毋肯做，凡事先有規劃
好，成功機會一定多。

註 毋（mˇ）：不

釋 不怕事情多，就怕不肯做，凡事能先期規劃好，成功機
會一定多。

---

90. 毋係專業莫假知，好為師會出問題，各熟
一行相尊重，橫打直過無藥醫。

註 橫（vangˇ）打直（ciid）過：蠻橫不講理

釋 不是專業別裝懂，人之大患在好為人師，裝懂會出問
題，要明瞭人人專業不同，要相互尊重，橫行霸道無藥
醫。

---

91. 毋愁八字輕，就愁毋肯拚，蒔著黃秧苗難
旺，打拚事業趕後生。

註 毋（mˇ）：不；八字：命理師把人出生的年、月、日、
時各配干支，作為推算吉凶禍福的依據，應僅供參考；蒔
（sii）：插秧；著（do`）：到；後（heu）生（sangˊ）：
年輕

釋 不愁八字比人輕，就愁懶惰不肯拚，插秧插到黃秧苗，
發育成長就會遲緩些，打拚事業也要趁年輕，早期的努
力很重要。

---

92. 毋愁出生屋下窮，後生做事愛用功，人品
又能來出眾，毋愁茅頭遮過棟。

註 屋（lug`）下（kaˊ）：家裡；後（heu）生（sangˊ）：年
輕人；毋（mˇ）：不；茅（mauˇ）頭（teuˇ）：茅草；茅
頭遮過棟：以茅草遮蓋屋頂，喻居室簡陋

釋 不愁出生家裡窮，年輕人做事要用功，人品又能出眾的
話，就不愁居室簡陋，總有翻身的一天。

---

93. 毋愁出生窮人家，專精一藝成專家，毋使
項項贏別儕，一樹難開兩樣花。

註 毋（mˇ）：不；別儕（saˇ）：別人；毋（mˇ）使
　（siiˋ）：不必

釋 不愁出生窮人家，專精一藝會成專家，不必凡事都要贏
　別人，一樹難開兩樣花。

---

**94.** 毋愁老公生來醜，就愁懶尸又好賭，頭腦
靈通毋畏苦，藤斷會用篾來補。

註 毋（mˇ）：不；懶（lanˊ）尸（siiˊ）：懶惰；篾
　（med）：用竹或藤剖成的細片

釋 不愁老公長得醜，就擔心懶惰又好賭，頭腦靈通又不畏
　苦，藤斷了會知道用篾來補，就容易成功。

---

**95.** 毋驚天旱日頭晒，就驚有日無穀晒，做事
毋好驚失敗，畏畏縮縮顛倒壞。

註 毋（mˇ）：不；顛（dienˊ）倒（do）：反而

釋 農人不怕天旱太陽晒，就擔心有太陽沒穀晒，做事不要
　怕失敗，畏畏縮縮反而更成不了氣候。

---

**96.** 毋驚無機會，就驚無準備，零星時間無浪
費，成功毋係大問題。

註 毋（mˇ）：不；無（moˇ）；毋（mˇ）係（he）：不是

釋 不怕沒機會，就怕沒準備，能善用下班後的零星時間，
　成功是指日可待的。

### 97. 水中野蓮靚又長，收成一定落陂塘，各行各業都共樣，係無煞猛難得嚐。

**註** 野蓮：一種生長在水中可食用的植物，屬「睡菜科」，主要產地為高雄美濃地區；靚（jiang´）：漂亮；陂（bi´）塘：池塘；共（kiung）樣（iong）：一樣；係（he）：如果；煞（sad`）猛（mang´）：努力；難得嚐：喻無收成

**釋** 水中野蓮長得長又漂亮，收成一定要下水塘，各行各業都一樣，如不努力就難有收獲。

### 98. 水低方能成海，人低正能成王，蓋世功名莫張揚，謙虛正可久久長。

**註** 正（zang）：才

**釋** 水低下才能納百川成海，做人低調才能領眾成王，有了蓋世功名也切莫張揚，惟謙才能常在。

### 99. 水過深潭流速靜，人品高時意氣平，莫論人非心頭靜，話多一定惹事情。

**釋** 水過深潭流速靜，人品高時意氣平，莫論人非心頭靜，話多一定惹事情。

### 100. 水過碗會少，話過嘴會多，人多嘴多是非多，聽著毋好去廣播。

**註** 著（do`）：到；毋（m˅）好：不要

**釋** 水過碗會變少，話過嘴會變多，人多嘴多是非多，聽到別人是非不要去散播，避免以訛傳訛。

101. 火猛毋怕生蘆枝，肚飢饑毋怕蕃薯皮，做人總愛有志氣，前途事業靠自己。

註 毋（mˇ）：不；蘆（luˇ）枝（giˊ）：枇杷樹的別名

釋 烈火不怕難燒的生蘆枝，饑餓不怕難吃的蕃薯皮，做人總要有志氣，前途事業要靠自己。

102. 火猛毋驚濕樵，煞猛就會出頭，烏心錢財莫去兜，天惜戇人毋使愁。

註 毋（mˇ）：不；樵（ceuˇ）：當燃料的木材；煞（sad`）猛（mangˊ）：勤奮；兜（deuˊ）：拿；戇（ngong）：憨厚

釋 烈火不怕柴濕，努力就會有出頭天，不貪取黑心錢，老天會疼惜憨厚的人，不用愁。

103. 世上最苦係黃連，窮人痛苦無人憐，求人難過上青天，煞猛打拚會改變。

註 苦（fu`）；係（he）：是；煞（sad`）猛（mangˊ）：勤奮

釋 世上最苦食物是黃蓮，窮人的痛苦無人憐，求人難過上青天，努力打拚就會改變生活困境。

104. 世態人心有炎涼，人我對待愛慈祥，毋使項項比人強，愛比麼儕較善良。

註 炎（lamˇ）涼（liongˇ）：冷暖；毋（mˇ）使（sii`）：不必；麼（ma`）儕（saˇ）：什麼人；較（ka）

釋 世態人心冷暖是社會的普遍現象，人我對待要慈祥，不必凡事與人爭強鬥勝，要比就比誰較善良。

**105.** 冬瓜恁大乜做菜，胡椒細細辣過薑，毋係猛龍江難過，好漢共樣愛人幫。

註 恁（an`）：那麼；乜（me）：也；細（se）：小；毋（mˇ）係（he）：不是；共（kiung）樣（iong）：一樣

釋 冬瓜那麼大也只能做菜，細小的胡椒辣過薑，顯示東西在精不在多。不是猛龍難過江，好漢一樣要人幫。

**106.** 出外打拚心愛在，暫時失意愛忍耐，毋怕雨淋日又晒，成功之日可等待。

註 毋（mˇ）：不

釋 出外打拼心要定，不能心浮氣燥，暫時失意要忍耐，不怕雨淋烈日晒，只要能刻苦，成功之日是可等待的。

**107.** 出外打拚愛專長，各熟一行心莫慌，專長興趣愛培養，成了專家就食香。

釋 出外打拚要專長，各人專長不一不必心慌 專長與興趣要慢慢培養他日成了專家就吃香。

**108.** 出生貧窮毋使驚，偓用煞猛同佢拚，做人做事有善念，毋會成功偓个命。

註 毋（mˇ）使驚：不用擔心；偓（ngaiˇ）：我；煞（sad`）猛（mangˊ）：努力；同佢（iˇ）拚（biang）：和他拚；个（ge）：的

釋 出生貧窮不用擔心，窮人無窮種，只要肯努力就會成功。做人做事都能心存善念，不會成功也是我的命運。

**109.** 出門看雙腳，入門看張桌，煞猛毋使愁食著，懶尸就會變人腳。

> **註** 雙（sung´）腳（giog`）：比喻穿著；看張桌：比喻桌面食物；煞（sad`）猛（mang´）：勤奮；著（zog`）：穿；懶（lan´）尸（sii´）：懶惰；變人（ngin´）腳（giog`）：讓人瞧不起
>
> **釋** 出門看穿著和入人家門看桌面便可知其日用。人只要努力工作就能衣食無虞，懶惰會讓人瞧不起。

**110.** 加學一項壞，事業跈等敗，毋愁雙肩來背債，就愁懶尸心毋在。

> **註** 跈（ten´）等：跟著；毋（m´）：不；背（ba`）債：背負債務；懶（lan´）尸（sii´）：懶惰；
>
> **釋** 多學一項不良嗜好，就會加速事業的衰敗，不愁身背債務，就愁懶惰又心不定。

**111.** 半截竹筒兩頭空，錢準泥沙無採工，後生打拚愛努力，留有餘糧好過冬。

> **註** 無（mo´）採工：白費力氣；後（heu）生（sang´）：年輕
>
> **釋** 半截竹筒兩頭空，錢當泥沙般揮霍就白費力氣了，年輕打拚事業要用功，要節約用度，才能留有餘糧好過冬。

**112.** 失敗莫低志，有錢莫傲氣，凡事等待失機會，等到月出日落西。

註 莫低（daiˊ）志：不洩氣

釋 失敗別洩氣，發達時也不可盛氣凌人，凡事等待就會失去機會，等到月出又日落西山了。

---

113. 人生就愛碌，平安就係福，攀攀比比般般錯，少事清心愛知足。

註 碌（lugˋ）：忙；係（he）：是

釋 人生就要忙碌，平安就是福，攀攀比比般般錯，少事清心要知足。

---

114. 平時有準備，毋愁無機會，有才愛有德來配，就愁無德登高位。

註 毋（mˇ）：不

釋 平時閒暇有準備，就不愁沒機會，有才要有德來配，就愁無德又登高位。

---

115. 平時豆腐𠊎个命，有了豬肉毋愛命，蛇蝲都知愛惜子，貪心毋好傷人命。

註 𠊎（ngaiˇ）个（ge）：我的；毋（mˇ）：不；蝲：青蛙

釋 平時豆腐就是我的最愛，但有了豬肉就會捨棄平日的最愛，充分顯示昔日艱苦的生活。蛇蛙都知會愛惜自己幼子，不可做出貪心傷害人命的事情。

---

116. 打天下愛用才，管天下愛用德，有才無德失人格，才愛德輔正做得。

註 正（zang）做得：才能相輔相乘

釋 打天下要用人才，治理天下要用德行，有才無德會失人格尊嚴，才要德來輔助才能發揮相輔相乘的效果。

---

**117.** 打拚事業趕後生，一時失敗毋使驚，失敗也係好經驗，轉眼已經毋年輕。

註 後（heu）生（sang´）：年輕；毋（mˇ）使：不必；也係（he）：也是

釋 打拚事業要趁年輕，一時的失敗也不必驚慌，人可以從失敗經驗中學習，歲月匆匆，轉眼又已不再年輕了。

---

**118.** 打鼓拉弦真生趣，項項樂器不容易，先生教導愛記起，重要還愛有興趣。

註 拉（lai´）弦（hianˇ）：拉二胡；生（sen´）趣（qi）：生動又有趣

釋 打鼓和拉二胡是很有趣的休閒娛樂，但要學好任何一種樂器都不容易，除了要熟記老師的教導勤加練習外，先決條件就是要有興趣。

---

**119.** 生理靠人氣，人腳底有肥，事業成功靠自己，合人頭路難處理。

註 生（sen´）理（li´）：生意；合（gab`）人：合夥；頭（teuˇ）路（lu）：職業、工作

釋 做生意靠人氣，人潮會帶來錢潮，即所謂人腳底有肥。事業成功要靠自己，合夥的事業意見多難處理。

120. 田中稗仔毋係禾，白鶴會飛毋係鵝，一鹿
九鞭假貨多，真才實學正係寶。

> 註 稗（pai）子（e˅）：一年生草本植物，葉子像稻，果實
> 像黍；毋（m˅）係（he）：不是；禾（vo˅）：稻；正
> （zang）係（he）：才是

> 釋 田中稗草不是稻，白鶴會飛不是鵝，一鹿有九鞭就假貨
> 多，真才實學才是寶。

121. 田中雜草靚又青，農作無肥難轉青，大樹
底下樹難長，人無立志人看輕。

> 註 靚（jiang´）：漂亮

> 釋 田中雜草不用肥也長得翠綠，農作無肥發育難，大樹底
> 下的小樹成長難，人不立志一事無成會讓人瞧不起。

122. 田塍驚漏水，人驚變徼鬼，失敗毋好怪風
水，邪心邪念難出水。

> 註 田（tien˅）塍（siin˅）：田埂；徼（gieu˅）鬼：賭鬼；毋
> （m˅）好：不要；難出水：難出頭

> 釋 田埂怕漏水，人怕變賭鬼，失敗不要怪風水，心存邪念
> 難出頭。

123. 目睡鳥有飛來蟲，衰鳥仔會堵狂銃，福禍
相依難定論，善惡有報無議論。

> 註 堵（du˅）：碰到；狂（kong´）銃（cung）：亂槍；無
> （mo˅）議論：不爭的事實

> 釋 瞌睡鳥會有飛來蟲，運氣差的鳥也會碰到亂槍，凡事都
> 是福禍相依的，善惡到頭終有報是不爭的事實，不得不
> 慎！

---

**124.** 禾苗毋靚難轉青，子弟忒惜教也難，做事心
定莫驚煩，煞猛就可度難關。

> 註 毋（mˇ）：不；靚（jiangˋ）：美；忒（tedˋ）：太；煞
> （sadˋ）猛（mangˋ）：勤奮
> 釋 插到不好的秧苗難轉青，子弟太疼也難教，做事要心定
> 不怕煩，努力就可度過難關。

---

**125.** 再窮毋食掌門狗，再苦毋刣耕田牛，恩將仇
報輸禽獸，善待眾生莫結仇。

> 註 毋（mˇ）：不；刣（ciiˇ）：殺；禽（kimˇ）獸（cu）
> 釋 再窮也不吃忠實的看門狗，再苦也不殺辛苦的耕田牛，
> 恩將仇報就比禽獸不如，要善待眾生莫結仇。

---

**126.** 各人命運無相同，成功一定愛用功，攀攀
比比無路用，自家努力便不同。

> 釋 各人命運不相同，成功一定要用功，攀攀比比無意義，
> 自己努力便不同。

---

**127.** 各人聰明有爭差，事業成功靠自家，一壺
難裝兩樣酒，專精一藝毋會差。

註 爭（zen´）差（ca´）：差別

釋 各人聰明才智有差別，事業成功要靠自己，一壺難裝兩
樣酒，有了專精的手藝就不用擔心工作了。

---

**128.** 各坐各人位，莫爭他人利，是是非非由在
佢，口業係多眞費氣。

註 由在佢（i´）：由它去；係（he）：如果；眞費（fi）氣
（hi）：很麻煩

釋 各人要安份做好份內之事，不與人爭利，別人是非隨它
去，口業多了眞麻煩。

---

**129.** 名聲會養人，肉臭惹烏蠅，積德行善爲大
眾，後代一定出賢人。

註 烏（vu´）蠅（in˅）：蒼蠅

釋 良好的名聲會長養人氣，肉臭會惹蒼蠅，積德行善為眾
人，後代一定出賢人。

---

**130.** 地上有山就有水，凡間有人就有鬼，居家
莫求好屋場，心善自有好風水。

註 屋（vug`）場（cong˅）：房屋的地理環境；風（fung´）
水（sui`）：地理環境

釋 地上有山就有水，凡間有好人就有壞人，居家不必強求
好的地理環境，心存善念就會有好風水。

---

**131.** 地種莊稼少生草，人有度量少煩惱，懶尸好食母做事，金山銀山也會倒。

> 註 莊（zong´）稼（ga）：農作物；度（tu）量（lion）：胸襟；懶（lan´）尸（sii´）：懶惰；母（mˇ）：不；做（zo）事（se）：工作
>
> 釋 地種了農作物就少生雜草，人有肚量也少煩惱，好吃懶惰不工作，金山銀山也會倒。

**132.** 多聽莫多言，做人心莫貪，凡事曉得多忍讓，一定會有好人緣。

> 釋 多聽莫多言，做人心莫貪，凡事懂得多忍讓，一定會有好人緣，人多助緣大。

**133.** 好子母使三兩言，好牛母使三下鞭，項項事情有計畫，正有成功出頭天。

> 註 母（mˇ）使（sii`）：不必；正（zang）：才
>
> 釋 好人一點就通，不用多費唇舌，好牛好驅馭也不需多揚鞭。凡事如能縝密思考和先期完善的計畫，才會有成功的出頭天。

**134.** 好家庭也有逆子，好草山乜有瘦牛，凡事盡心莫強求，好頭到尾就會有。

> 註 逆（ngiag）子（zii`）：忤逆父母的不孝子；乜（me）：也
>
> 釋 好家庭也會生出不孝子，好草山也會養出瘦牛，凡事盡心莫強求，有好的開始就會有成功的希望。

## 135.

好話人人都愛聽，唆是弄非人會嫌，話多
毋實人會畏，毋當坐等恬恬聽。

註 唆（so´）是（sii）弄（nung）非（fi´）：撥弄是非；
毋（mˇ）當：不如；坐（co´）等（den`）：坐著；恬
（diam´）恬：靜靜

釋 好話人人都愛聽，撥弄是非會遭人嫌棄，話多又不實會
會讓人討厭，不如靜靜坐著聽會學得多。

## 136.

年年歲歲花相似，歲歲年年人不同，長江
後浪推前浪，人生短短愛用功。

註 歲（soi）

釋 年年歲歲花相似，歲歲年年人不同，長江後浪推前浪，
人生苦短不可虛度光陰，要及時努力。

## 137.

早出日頭毋係天，少年得志毋係錢，做人
愛有好心田，煞猛就有出頭天。

註 毋（mˇ）係（he）：不是；煞（sad`）猛（mang´）：勤奮

釋 早晨出太陽，並不代表一天都有好天氣，少年得志不見
得一輩子會有錢。做人要存好心地，加上努力就會有出
頭天。

## 138.

往日有錢錢當沙，今日後悔害自家，從今
賺錢家愛顧，浪子回頭人人誇。

註 往（vong´）日（ngid`）：從前

釋 從前風光有錢的時候，把錢當泥沙般揮霍，如今後悔是

自己害了自己，今後賺錢要顧家，浪子回頭會人人誇。

139. **早䟘勤耕穀滿倉，毋愁寒冬無米糧，晚睡忍床跛毋䟘，輒輒就會空米缸。**

註 䟘（hong）：起；忍（ngiun）床（congˇ）：賴床；跛（bag`）毋（mˇ）䟘（hong）：爬不起來；輒（jiab）輒：經常

釋 早起努力耕作就會積穀滿倉，不愁寒冬無米糧，晚睡又賴床爬不起，不努力就會經常空米缸。

140. **有上毋去个天，無過毋得个關，人心反覆愛注意，是非分明可避險。**

註 个（ge）：的；毋（mˇ）：不

釋 只有上不去的天，沒有過不了的關，要注意世道人心反覆，能認清是非就可是避免險惡上身。

141. **有山就有鳥絡食，有水就有魚來泅，車到山前自有路，凡事用心莫強求。**

註 絡（log`）食（siid）：覓食；泅（giu）：游泳

釋 有山就有鳥來覓食，有水就有魚來游，車到山前自有路，凡事用心莫強求。

142. **有心打石石成磚，無心打井出無泉，百樣頭路志毋定，成功難過上青天。**

註 毋（mˇ）：不

釋 有心打石石會成磚，無心打井出不了泉，凡事沒有堅定
意志，成功難過上青天。

---

**143.** 有本事就會有錢，本事一定贏本錢，無人
貯錢貯到發，小小手藝贏種田。

註 貯（duˋ）：積聚；貯（duˋ）錢：存錢；發（bodˋ）：富
有

釋 人有本事就會有錢，本事一定贏本錢，沒人存錢存到
富，小小手藝就贏種田。

---

**144.** 有田毋耕倉廩虛，有書毋讀心靈空，有心
做事事不難，懶尸頭路難成功。

註 倉：儲穀的地方；廩（linˇ）：儲米的地方；懶（lanˊ）尸
（siiˊ）：懶惰

釋 有田不耕倉廩虛，有書不讀心靈空，有心做事無難事，
懶惰事業難成功。

---

**145.** 有勇又會謀，一定會出頭，做人勤儉不浪
費，日用豐足毋使愁。

註 毋（mˇ）使（siiˋ）：不必

釋 有勇氣又會籌謀，就一定有出頭天，做人勤儉不浪費，
日用豐足就不必愁。

**146.** 有書眞富貴，無事小神仙，處事忍讓擺頭前，萬事乘除總在天。

註 頭（teu）前（qien）：前面；乘（sinn）除（chu）：計算

釋 貧者因書而富，富者因書而貴，貴者因書而久，因此有書真富貴一點不假，心中無事就像小神仙般的悠遊自在。處事要以忍讓為先，人算不如天算，萬事乘除總在天。

**147.** 有閒去嫽眞生趣，快快樂樂共下去，安全問題愛注意，平平安安歸屋去。

註 嫽（liau）：玩；生（sen）趣（qi）：生動又有趣；共（kiung）下（ha）：一起；歸（gui）：返回

釋 有空閒去玩真有趣，快快樂樂一起去，安全問題要注意，才能平平安安回家去。

**148.** 有路莫坐船，有菜莫食菇，自家前途自家顧，毋好貪心行險路。

註 毋（m）好：不可

釋 有路莫坐船，有菜莫吃菇，兩者都有風險。自己前途要靠自己打拚，不可貪心抄捷徑走險路。

**149.** 有錢人家多煩惱，無錢知足也異好，老實煞猛毋驚無，毋好坐等等轎坐。

註 異（i）：很；煞（sad）猛（mang）：勤奮；毋（m）驚：不怕；坐（co）等（den）：坐著

釋 有錢人家為了錢或事業，必定也多煩惱，而人雖窮一些，能夠知足也很好。只要老實又勤奮，就不必擔心會貧窮，不可不努力，等待好運降臨。

---

150. **有錢个人錢做人，無錢人家沒六親，家貧親戚莫去尋，煞猛正係聰明人。**

註 个（ge）：的；六親：泛指最親近的親屬；尋（qim ˇ）：找；煞（sad`）猛（mang´）：努力；正（zang）係（he）：才是

釋 有錢人家錢做人，沒錢人家沒六親，這就是現實社會。家貧莫攀親，努力打拚才是聰明人。

---

151. **有錢日日像過節，無錢人家難過節，家貧就愛煞猛拚，毋好慍悴心打結。**

註 煞（sad`）猛（mang´）：勤奮；毋（m ˇ）好（ha）：不要；慍（rud`）悴（zud`）：鬱悶

釋 有錢人家天天像過節，沒錢人家難過節，家貧就要勤打拚，不必鬱悶心打結。

---

152. **有錢毋使好身裝，無錢也莫假大方，人家食肉倔傍薑，勤儉就可度災荒。**

註 毋（m ˇ）使（sii`）：不必；倔（ngai ˇ）：我；傍（bong`）：配

釋 有錢不必好衣裳裝扮，沒錢也別假大方，人家吃肉我配薑，勤儉就可度災荒。

**153.** 有錢出外面有光，貧窮毋驚領轎扛，煞猛又有好心腸，老天一定會幫忙。

註 毋（mˇ）驚：不怕；煞（sadˋ）猛（mangˊ）：勤奮

釋 有錢出外面有光，貧窮不怕做低賤的扛轎工作，勤奮又有好心腸，老天一定會幫忙。

**154.** 有錢過日眞風光，無錢過日心會慌，煞猛就會有所得，積善人家子孫昌。

註 煞（sadˋ）猛（mangˊ）：努力

釋 有錢的日子過得風光，沒錢過日心會慌，努力就會有所得，積善人家子孫才會昌盛。

**155.** 有錢生活較清閒，無錢伸手難上難，凡事毋好驚麻煩，用心就可度難關。

註 較（ka）：比較；伸（cunˊ）手（suˋ）；毋（mˇ）好：不可

釋 有錢生活較清閒，無錢伸手借錢是難上難，凡事不可怕麻煩，用心就可度難關。

**156.** 有錢深山有人尋，無錢鬧市無人憐，莫怪世間人情薄，他人也有他事情。

註 尋（qimˇ）：找

釋 有錢深山有人識，無錢鬧市無人憐，這就是現實社會，也不必去責怪現世人情淡薄，他人也都自顧不暇。

**157.** 有錢就敗家，無錢正理家，項項自私為自家，歸尾結果伸自家。

註 正（zang）：才；歸尾（mi´）結果：最後結果；伸（cun´）：剩

釋 有錢就敗家，沒錢才理家，凡事都自私為自己，別人會敬而遠之，到最後就只剩自己孤軍奮鬥了。

**158.** 有錢難買少年時，書難為學不宜遲，曹植七步詩能做，係無用功仰得時。

註 係（he）無（mo´）：如不；仰（ngiong`）得時：不可能

釋 年青歲月是短暫而寶貴的，書難為學不宜遲，也就是「少年應知勤學早，白首方悔讀書遲。」曹植七步能成詩，如不用功怎可能。

**159.** 有錢難買隔壁田，無緣難買隔壁間，煞猛省儉毋驚無，人有人緣好賺錢。

註 煞（sad`）猛（mang´）：勤勞；省（sang`）儉（kiam）：節儉；毋（m´）：不

釋 有錢難買隔壁田，無緣難買隔壁房，勤勞又節儉就不缺錢，人有人緣就好賺錢。

**160.** 百日簫子千日胡，百項頭路百項苦，堵著困難愛忍受，煞猛忍耐毋會輸。

註 堵（du`）著（do`）：碰到；煞（sad`）猛（mang´）：勤奮；毋（m´）：不

釋 如練好簫需百日，則練好二胡就要需時千日，凡事都不易成功，碰到困難要忍受，只有勤奮又忍耐才能成功。

161. 百善一定孝為先，積善人家子孫賢，公婆同心家運好，妻賢子孝樂連天。

釋 百善一定孝為先，積善人家子孫賢，公婆同心家運昌，妻賢子孝樂連天。

162. 百樣曉輸一樣通，專精一藝會成功，遊遊野野濫摻撞，百項頭路百項鬆。

註 遊遊野野：無所事事；濫（lam`）摻（sam`）：隨便

釋 想要百樣通不如一樣精，專精一藝會成功，無所事事胡亂撞，想要樣樣精通就會落得樣樣稀鬆的窘境。

163. 老人食粢粑，哽著面地地，做事有聽三老話，到尾一定毋會差。

註 粢（qiˇ）粑（ba´）：將糯米加水搗碎後蒸熟的客家米食，具韌性；哽（gang`）著（do`）：噎到；面地（iaˇ）地：面色難看；三老：有經驗老人的統稱；毋（mˇ）：不

釋 老人無牙吃粢粑，咬不爛難吞嚥，會噎到露痛苦難看的臉色。做事能聽三老的話，最後一定會有好結果。

164. 老來生活恁淒涼，愛怪往日毋識想，奉勸後生愛打拚，賺錢愛曉積餘糧。

註 恁（an`）：那麼；往（vong´）日（ngid`）：從前；毋（m´）識（siid`）想（xiong`）：不深思；後（heu）生（sang´）：年輕

釋 老來生活會那麼淒涼，要怪從前不會深思，奉勸年輕後輩要打拚，賺錢要懂儲蓄備用。

---

165. 自家三餐食毋足，還嫌他人食無肉，貧窮就愛煞猛碌，無錢毋驚食鮮粥。

註 毋（m´）：不；煞（sad`）猛（mang´）：努力；碌（lug`）：忙碌

釋 自家三餐都難溫飽，還嫌他人食無肉，貧窮時候就要努力工作，缺錢時候也不怕以鮮粥裹腹。

---

166. 行船驚堵頂頭風，老妹驚嫁酒醉公，堵著困難莫放鬆，煞猛容易會成功。

註 堵（du˘）著（do`）：碰到；頂頭風：逆風；煞（sad`）猛（mang´）：勤奮

釋 行船怕碰到逆風，小姐怕嫁到酒醉公，碰到困難莫放鬆，勤奮容易會成功。

---

167. 心善毋使去敬神，作惡敬神也無靈，做人是非有分明，日日會有好心情。

註 毋（m´）使（sii`）：不必

釋 心地善良的人不必刻意敬神，無惡不做的人敬神也無益，做人能是非分明，天天就會有好心情。

**168.** 冷水煮冷飯，任煮毋會爛，凡事用心莫驚難，耐心就可度難關。

註 任（im）煮：無論如何煮

釋 用冷水煮冷飯，如何煮都不會變爛。凡事只要用心不怕難，耐心就可度過難關。

**169.** 冷水煮冷飯，任煮毋會爛，前人智慧好經驗，係能善用贏一半。

註 係（he）：如果

釋 用冷水煮冷飯，不會煮成爛稀飯，前人智慧留存了許多的好經驗，如能善用就贏了一半。

**170.** 忍氣莫鬥氣，鬥氣傷元氣，讀書時間莫浪費，筆尖會比刀尖利。

釋 忍氣不鬥氣，鬥氣傷元氣，利用時間多讀書，筆尖會比刀尖利。

**171.** 男人百藝好隨身，一藝不精誤終身，百項頭路都想做，到尾就會亂了心。

註 到尾（mi´）：最終

釋 雖說男人百藝好隨身，但一藝不精會誤終身，凡事都野心勃勃，最終就會亂了方寸一事無成。

### 172. 男人最驚嫖同賭，越嫖越賭越窮苦，後生賺錢毋曉守，老來生活就辛苦。

註 同：和；後（heu）生（sang´）：年輕

釋 男人最怕嫖和賭，越嫖越賭越窮苦，年輕賺錢守不住，老年生活就辛苦。

### 173. 男人無志難成事，女人無志難成家，有事毋好望別儕，別人毋係若阿爸。

註 毋（mˇ）好：不可；別儕（saˇ）：別人；毋（mˇ）係（he）：不是；若（ngia´）：你

釋 男人無志難成就事業，女人無志難成家業，有事不可寄望別人的幫忙，別人不是你爸爸會無條件的幫助你。

### 174. 男人賺錢愛顧家，女人有錢莫亂花，錢銀毋會樹頂打，勤儉正係恩客家。

註 毋（mˇ）：不；打（da`）：結；正（zang）係（he）：才是；恩（en´）：我們

釋 男人賺錢要顧家，女人有錢莫亂花，金錢不會樹上結，勤儉才是我們的客家風範。

### 175. 男人讀書望做官，市場生理就望賺，烏心梟人暗暗賺，燒屋捉鼠毋合算。

註 生（sen´）理（li´）：生意；梟（hieu´）：欺騙；捉（zog`）：抓；毋（mˇ）：不

釋 男人讀書就希望當官，市場做生意也希望能賺錢，如果

昧著良心以欺騙的手段賺取不當利益，結果就像會像燒房子抓老鼠般徒勞無功。

---

176. **見面就有三分情，拳頭毋打笑面人，低頭認錯人會憐，火屎難天得罪人。**

註 毋（mˇ）：不；難（nad`）：灼傷；火屎難天：氣極敗壞

釋 人見面就有三分情，拳頭不打笑臉人，做錯事能低頭認錯會得到別人的同情，如果一副氣極敗壞的模樣就容易得罪人。

---

177. **車子有輪正會行，人有理想事會成，空思夢想多計畫，係無執行等於零。**

註 輪（lin）；正（zang）：才；係（he）：如果；零（langˇ）

釋 車有輪子才正會走，人有理想才會成功，空思夢想計畫多，如不執行等於零。

---

178. **事情一旦會做差，千差萬差自家差，毋好項項怪別儕，愛好檢討偓自家。**

註 差（ca）：錯；偓（ngaiˇ）：我；毋（mˇ）好：不可；別儕（saˇ）：別人

釋 事情一旦會做錯，千錯萬錯都是自己的錯，不可凡事都怪別人，要好檢討我們自己。

179. 事業成功靠自家，別人毋係若阿爸，凡事
用心毋會差，毋好挍水淋河壩。

註 毋（m）係（he）：不是；若（ngia´）：你的；挍
（kai´）水：挑水；河壩（ba）：大小河的統稱

釋 事業成功要靠自已，別人不是你父親，會無條件幫助
你，凡事用心準沒錯，不要做出挑水澆河的愚蠢事。

180. 供人沒人情，餵狗識主人，忘恩負義無人
格，知恩圖報上等人。

註 供（giung）人：供養他人

釋 供養他人沒人情，即所謂供養三年識三日，而餵狗三日
識三年。忘恩負義的人沒人格，能夠知恩圖報才是上等
人。

181. 卒仔一定愛過河，坐等閒閒等於無，後生
時節多勞碌，老來享福毋驚無。

註 坐（co´）等（den`）：坐著；後（heu）生（sang´）：年
輕；毋（m）驚：不怕

釋 象棋卒子一定要過河，不過河等於坐以待斃，年輕時多
勞碌，年老時就不用擔心無福可享。

182. 花開花又謝，季節多變化，堵著困難不用
怕，用心難關就會化。

註 堵（du）著（do`）：碰到

釋 花開花又謝，季節多變化，碰到困難不用怕，用心就可

化解難關。

---

**183.** 官清民安樂，神靈廟祝肥，愛明是非守本
分，自無冤愆來煩你。

註 冤（ien´）愆（kian´）：困擾

釋 為官清廉，人民就能安居樂業，神明靈驗，朝拜的人
多，廟祝收入就豐厚。做人要明是非守本分，自無雜事
困擾你。

---

**184.** 弦仔拉好無簡單，重要就愛花時間，基本
功夫毋好省，愛有信心事不難。

註 弦（hian´）仔（e`）：二胡；毋（m´）好：不可

釋 拉好二胡不簡單，最重要就就是要花時間勤練，不可忽
略了基本功夫，只要有信心就無難事。

---

**185.** 弦愛好聽聲愛軟，手藝愛好心愛專，細索
久鋸木會斷，簷水久滴石會穿。

註 弦（hian´）：二胡；細（se）：小

釋 二胡要拉好聽聲調要柔軟，要學好任何手藝都必須專
心，細繩久鋸木會斷，屋簷水久滴石也會穿。

---

**186.** 明理毋怪人，怪人毋明理，毋好自私壞規
矩，做人就愛明是非。

註 毋（m´）：不

釋 明理的人不會隨便怪罪別人，凡事喜歡怪罪別人就是不明理的人，要有千錯萬錯是自己錯的雅量。不可為了一己之私壞了規矩，做人就要明是非。

---

187. 朋友毋怕多，好事不如無，做人就愛品德好，良心做事毋愁無。

註 毋（mˇ）：不

釋 朋友不怕多，凡事都好壞參半，因此，好事不如無。做人要有好品德，良心做事就會有所得。

---

188. 果樹愛有草來爭，係無競爭毋會靚，做事驚難又驚煩，錢銀毋會泥肚生。

註 爭（zang´）；競爭（zen´）；係（he）：如果；毋（mˇ）會：不會；靚（jiang´）：漂亮；泥（naiˇ）肚（du`）：泥中；錢（qienˇ）銀（ngiunˇ）：金錢

釋 種果樹要有雜草來競爭，如沒競爭長不好，做事如果怕難又怕煩，金錢不令土裡生。

---

189. 武將刀槍打天下，文將紙筆定山河，專精一藝莫過勞，成了專家毋驚無。

註 毋（mˇ）驚：不怕

釋 武將用刀槍打天下，文將運籌帷幄，用紙筆定江山。有了專精的技藝不必操之過勞，成了專家就就不用擔心其他了。

190. 爭氣莫爭財，爭財禍就來，心善莫去害別
儕，惡運自然毋會來。

註 儕（saˇ）：人；毋（mˇ）：不

釋 人要爭氣莫爭財，爭財禍就來，要時時心存善念不害
人，惡運自然不會來。

191. 狗仔出門兄弟多，身體無洗穤也多，專精一
藝行情好，手藝毋使學忒多。

註 穤（man）：皮膚上的垢；毋（mˇ）使（siiˋ）：不必；忒
（tedˋ）：太

釋 狗出門容易成群結隊兄弟多，身體不洗污垢多，專精一
藝出路行情一定好，手藝不必學太多。

192. 直腸又直肚，一生著爛褲，言多招尤記落
肚，良言善語像食補。

註 直（ciid）腸直肚：性情直爽沒心機；著（zogˋ）：穿；尤
（iuˇ）：怨

釋 性情直爽沒心機的人容易吃虧，一生穿爛褲，言多招尤
要記住，良言善語像吃補。

193. 知人知面不知心，帶人帶心鐵成金，堵著
困難愛忍受，門前泥土變黃金。

註 堵（duˇ）著（doˋ）：碰到

釋 知人知面不知心，帶人帶心鐵成金，眾志會成城，碰到
困難要忍受，門前泥土也會變黃金。

194. 肯行毋怕千里遠，肯做毋驚萬事難，人生
路上步步險，煞猛正可度難關。

註 毋（mˇ）：不；煞（sad`）猛（mangˊ）：勤奮；正
（zang）：才

釋 肯起步就不怕路途遠，肯行動就不怕萬事難，人生路上
步步險，只要努力就可度過難關。

195. 花會重開月再圓，人無兩度又少年，後生
毋拚想清閒，成功機會一等難。

註 後（heu）生（sangˊ）：年輕；毋（mˇ）：不；一等：非
常

釋 花有重開日，月缺會再圓，但人無兩度又少年，年輕不
拚想清閒，成功機會就非常艱難。

196. 金銀財寶人人想，毋係𠊎个莫浪想，安分守
己也共樣，知足平安壽年長。

註 毋（mˇ）係（he）：不是；𠊎（ngaiˇ）个（ge）：我的；
浪（long）想（xiong`）：妄想；共（kiung）樣（iong）：
一樣

釋 金銀財寶人人想，不是我的別妄想，安分守己也一樣過
生活，知足平安享壽長。

197. 信了神了到窮，信了命了到淨，毋信去算
三擺命，無病也會算出病。

註 淨（qiang）

釋 如果不善用智慧思考，一昧的信神就會了到窮，相信命運也會散光家產；如不相信就去算三次命，健康也會算出一身病。

---

198. 客家子弟耐勞苦，出外打拚無忘書，博士之鄉冠全臺，改變命運愛讀書。

釋 客家子弟耐勞苦，出外打拚不忘讀書，美濃博士之鄉的美譽冠全臺，改變命運就是要讀書。

---

199. 屋簷水滴點對點，江湖愛行險又險，項項爭利人會嫌，忍讓結緣正會贏。

註 正（zang）會：才會

釋 屋簷水滴是點對點，行走江湖是險又險，凡事爭利會遭人嫌，處處忍讓廣結善緣才會贏。

---

200. 待人宜帶春風，律己愛帶秋氣，秋風一吹寒冬到，春風和氣萬物喜。

註 秋氣（hi）：肅殺之氣

釋 待人宜帶春風，律己宜帶秋氣，意謂寬以待人，嚴以律己。秋風一吹接著寒冬到，春風和氣萬物一片欣欣向榮。

---

201. 後生身體壯，旨老擎怙杖，霤夜菸酒又檳榔，鐵打身體也難當。

> 註 後（heu）生（sang´）：年輕；舌（mang`）：末；擎（kia`）：拿；怙（ku）杖（cong`）：拐杖；岳（ngog）夜（ia）：熬夜
>
> 釋 年輕時身體壯，如不知保養會未老先衰拿拐杖，熬夜菸酒又檳榔，鐵打身體也難承受。

---

**202.** 後生時節愛用功，毋好食飽一尾蟲，自家賺个正光榮，家財萬貫食會空。

> 註 後（heu）生（sang´）：年輕；个（ge）：的；正（zang）：才
>
> 釋 年青時做事要用功，不可飽食終日後，就像一條蟲般的無精打彩，憑自己勞力所得才是光榮的，家財萬貫也會坐吃山空。

---

**203.** 後生時節愛自強，愛勤讀書學專長，眠懶睡瘭閒中過，前途必定渺渺茫。

> 註 後（heu）生（sang´）：年輕；眠（min`）懶（nan`）睡（soi）瘭（kioi）：好吃懶做
>
> 釋 年輕時要發奮自立自強，要勤讀書學專長，如果好吃懶做度時光，前途必定渺渺茫茫。

---

**204.** 後生時節愛讀書，腹有詩書毋會輸，心專石穿毋怕苦，出外一定有前途。

> 註 後（heu）生（sang´）：年輕；毋（m`）：不
>
> 釋 年輕時候要勤讀書，腹有詩書不會輸，心專石穿不怕

苦，出外一定有前途。

---

**205.** 後生讀書毋用功，長大擎筆千斤重，學藝
專精毋怕苦，日後共樣會成功。

註 後（heu）生（sang´）：年輕；毋（mˇ）：不；擎
（kiaˇ）：拿；共（kiung）樣（iong）：一樣

釋 年輕讀書不用功，長大後胸無點墨拿筆就千斤重，學習
技藝只要能專精一藝不怕苦，日後一樣會成功。

---

**206.** 持家一定愛勤儉，求人像吞三寸劍，後生
時節煞猛拚，老來正會有好命。

註 後（heu）生（sang´）：年輕；煞（sad`）猛（mang´）：
勤奮；正（zang）：才

釋 持家一定勤儉，求人像吞三寸劍，年輕時候要認真打
拚，老來才會有好命。

---

**207.** 斫樵先愛刀仔利，鷂婆天頂目珠利，出外
謀生不容易，係無專業就費氣。

註 斫（zog）樵（ceuˇ）：砍柴；鷂（ieu）婆：老鷹；天
頂：天上；目珠：眼睛；係（he）：如果；費（fi）氣
（hi）：麻煩

釋 砍柴先要刀子利，老鷹高飛眼睛很銳利，出外謀生不容
易，如無專業就麻煩。

---

208. 春天花開滿園香，心懷慈悲面有光，堵著
利益曉分享，事業順利旺旺旺。

註 堵（duˇ）著（doˋ）：碰到

釋 春天花開滿園香，心懷慈悲的人面相會有光澤，利益來
臨懂得分享，人緣佳助力大，事業就會順利旺旺旺。

---

209. 春到滿園花樹開，蜂仔四面八方來，煞猛
讀書好文才，毋愁機會毋會來。

註 蜂仔（eˋ）：蜜蜂；煞（sadˋ）猛（mangˊ）：勤奮；毋
（mˇ）：不

釋 春到滿園花樹開，蜜蜂會由四面八方來採蜜，只要認真
讀書有了好文才，不愁機會不會來。

---

210. 春毋落種夏毋長，秋毋收成冬毋糧，倉有
糧就心頭定，煞猛成功面有光。

註 毋（mˇ）：不；煞（sadˋ）猛（mangˊ）：勤奮

釋 春不下種沒夏長，秋沒收成冬就沒糧，倉有糧就心不
慌，勤奮成功臉面有光。

---

211. 為善為惡自家知，毋好去講人是非，他人
好壞由佢去，邪念一生福會飛。

註 佢（iˇ）：他

釋 為善為惡的行為自己最清楚，不要去講別人是非，他人
的好壞由他去，邪念一生福氣會跟著飛走。

**212.** 爲善爲惡自家知，莫在人前弄是非，講人長短得人畏，人人心中有隱私。

註 畏（vi）：討厭

釋 為善為惡的行為自己最清楚，莫在人前撥弄是非，對別人道長論短會讓人討厭，因為人人心中都有隱私。

**213.** 官司愛人和，相打愛人拖，天時地利加人和，事業發展步步高。

釋 打官司也要有心人來勸和，免得兩敗俱傷，打架要別人協助拉開，否則容易受傷。經營事業要能天時、地利加人和配合的話，事業發展必定步步高。

**214.** 相佛容易刻佛難，上天容易求人難，項項事情就驚煩，想愛成功就艱難。

釋 評量佛像的雕工容易，而雕刻佛像難，上天容易求人難，凡事都怕煩，想要成功就艱難。

**215.** 省食錢債輕，省著多新衫，人生福祿無一定，行善積德好名聲。

註 著（zog`）：穿

釋 省著吃就可減少借貸負擔，省著穿就可有許多新衣裳，人生福祿不一定，行善積德就會獲得好名聲。

**216.** 看人扛擔毋知重，看人賺錢目珠紅，凡事曉得多努力，日後一定會成功。

註 扛（kai´）：挑；目（mug`）珠（zu´）：眼睛
釋 看人挑擔不知重，看人賺錢就眼紅，凡事只要多努力，日後一定會成功。

**217.** 看人賺錢目就紅，也毋自算幾兩重，天頂淨會跌鳥屎，係無努力難成功。

註 毋（mˇ）：不；淨（qiang）：只；係（he）：如果
釋 看人賺錢就眼紅，也不算算自己有幾兩重，天上只會掉鳥屎，如不努力難成功。

**218.** 美濃山下好地理，山明水秀人人知，再苦也愛勤教子，博士之鄉傳千里。

釋 美濃山下好地理，山明水秀人人知，生活再苦也要教子弟讀書識字，因此博士之鄉名傳千里。

**219.** 胡椒細細辣過薑，芝麻細細噴噴香，大食大啉眼前享，勤儉正可度災荒。

註 細（se）：小；啉（lim´）：喝；正（zang）：才
釋 胡椒雖小辣過薑，小小芝麻香噴噴，大吃大喝只是圖得眼前的享受，勤儉才可度災荒。

220. 愛射老虎拉強箭，愛釣大魚放長線，拳愛
打來字愛練，凡事成功愛苦練。

註 拉（laiˊ）

釋 要射老虎要拉強箭，要釣大魚要放長線，拳要打字要
練，凡事成功一定要苦練。

221. 面項係無肉，可能無後福，煞猛知足毋愁
無，管佢面項有無肉。

註 項（hong）：上；係（he）：如果；煞（sadˋ）猛
（mangˊ）：勤奮；毋（mˇ）：不；佢（iˇ）：它

釋 臉上如果削瘦無肉，可能沒後福，應屬無稽之談，只要
勤奮又知足就會有福氣，也不用擔心臉上有沒有肉。

222. 食到老愛學到老，毋肯學會跈毋著，成功
機會有難得，係無準備一定無。

註 毋（mˇ）：不；跈（tenˇ）：跟；係（he）：如果

釋 活到老要學到老，不肯學會跟不上時代腳步，成功機會
稍縱即逝，凡事如沒事前週全的準備，是絕無成功的機
會。

223. 食到老愛學到老，心肝好就命會好，阿哥
做得靠阿嫂，佢靠自家較堵好。

註 著（doˋ）：到；心（ximˊ）肝（gonˊ）：心地；佢
（ngaiˇ）：我；較（ka）堵好：比較好

> 釋 活到老要學到老，心地好命就好，哥哥可以靠嫂嫂，我靠自己才是最重要的。

---

**224.** 食飯解褲帶，欠人一身債，貧窮毋驚就驚債，煞猛債主毋會怪。

> 註 毋（m'）驚：不怕；煞（sad`）猛（mang'）：勤奮
>
> 釋 吃飯就鬆褲帶一副嘴饞的模樣，實際又欠人一身債。不怕窮就怕債，只要有志氣努力工作，債主看到也會不忍苛責。

---

**225.** 食飽閒閒像條蟲，雷公一響毋敢動，種瓜愛種沙泥地，做人頭腦愛靈通。

> 註 毋（m'）：不
>
> 釋 吃飽閒閒像條蟲，雷聲一響就不敢動，不努力將一無所有。種瓜的要在沙泥地，做人頭腦要靈通。

---

**226.** 倉有糧千擔，也莫攉爛衫，人外有人比你慶，持家第一勤同儉。

> 註 攉（vog`）：丟掉；慶（kiang）：能幹
>
> 釋 家裡倉有糧千擔生活富足了，爛衣衫也別隨意丟棄，人外有人比你能幹，持家第一是勤儉。

---

**227.** 倒旗絕對毋倒槍，乞食也愛行大路，做人立志莫驚苦，就驚貪心行壞路。

---

註 毋（mˇ）：不；乞（kiad`）食（siid）：乞丐

釋 軍旗倒了還要守住槍，當乞丐也要走大路，做人要立志不怕苦，就怕貪心走歪路。

---

**228.** 家無出秀才，官從何處來，事業成功無恁快，煞猛機會跈等來。

註 恁（an`）：那麼；煞（sad`）猛（mangˊ）：努力；跈（tenˇ）等（den`）：跟著

釋 家庭不出一位有真才實學的秀才，官從何處來呢？事業成功沒那麼容易，只要努力，機會就會跟著來。

---

**229.** 時到花會開，積德運會來，懶尸就想得橫財，係無煞猛無恁該。

註 懶（lanˊ）尸（siiˊ）：懶惰；橫（vangˇ）財（coiˇ）：意外之財；係（he）：如果；煞（sad`）猛（mangˊ）：努力；無（moˇ）恁（an`）該（goiˊ）：沒那麼容易

釋 開花季節到花會開，廣積陰德會帶來好運，懶惰就想得意外之財，如果不努力是沒那麼容易得到財富的。

---

**230.** 樵米油鹽醬醋茶，無錢毋會到屋下，別人有錢愛自顧，人無煞猛無錢花。

註 樵（ceuˇ）：當燃料的木柴；毋（mˇ）：不；屋（lug`）下（kaˊ）：家裡；煞（sad`）猛（mangˊ）：勤奮

釋 柴米油鹽醬醋茶，沒錢不會到你家，別人有錢也只會顧自己，人不努力不會有錢花。

---

**231.** 桂花一開滿樹香，大樹底下好嘹涼，家有千金會散盡，人有專業正食香。

註 嘹（liau）：玩、休息；正（zang）：才

釋 桂花一開滿樹香，大樹底下好乘涼，如不努力，家有千金會散盡，人有專業才吃香。

---

**232.** 桂花一開滿樹香，胡椒辣辣好放香，功成名就人人想，堵著逆境愛堅強。

註 放（biong）香：當香料；堵（du）著（do）：碰到

釋 桂花一開滿樹香，小小胡椒辣辣但可當香料，功成名就人人想，碰到逆境就要堅強。

---

**233.** 浮華人間求名牌，毋知品德正品牌，失敗毋驚著草鞋，成功自有人跈𠊎。

註 毋（m）：不；正（zang）：才是；著（zog）：穿；跈（ten）：跟；𠊎（ngai）：我

釋 浮華世間人人想追求名牌，卻不知品德才是最佳品牌，失敗不怕穿草鞋，成功自有人跟我。

---

**234.** 海不辭水成其大，山不辭土能為高，好食懶做項項無，人有理想步步高。

釋 海不擇細流，所以能成其大，山不辭土，所以能為高，好吃懶做將一無所有，人有理想步步高。

---

235. 烏心賺錢錢歸兜，做若子孫有好愁，心善
正直有好報，目瞎有人牽過橋。

註 烏心：昧著良心；錢歸兜（deu´）：錢多多；若（ngia´）：
你的

釋 昧著良心黑了許多錢，會禍延子孫，做你的子孫就有得
愁。心善正直就會有好報，瞎子也會有人牽過橋，即所
謂得道多助。

236. 烏雞嫲會生白卵，家家戶戶有長短，莫攀
莫比心會靜，五指伸出有長短。

註 烏雞嫲（ma˘）：黑母雞；伸（cun´）

釋 黑母雞也會生白色蛋，家家有本難唸的經，莫去攀比心
情自然寬舒，五指伸出有長短。

237. 缺嘴仔就驚食燒，臭頭仔也驚剃頭，猛火
毋會驚濕樵，畏畏縮縮有好愁。

註 缺（kiad`）嘴（zoi）仔（e`）：兔脣的人；毋（m˘）：
不；樵（ceu˘）：當燃料的木材

釋 兔脣的人怕吃熱食，癩痢頭怕剃頭，猛火不怕柴濕，做
事畏畏縮縮就令人擔心。

238. 耕田持家無簡單，筆耕流傳也艱難，項項
事頭不容易，係無耐心難圓滿。

註 筆耕：文字創作；事（se）頭（teu˘）：工作；係（he）：
如果

釋 往昔耕田持家確實不簡單,而想用筆耕流傳後世也非易
事,凡事都有艱難處,如果沒有耐心就難圓滿達成心
願。

239. 能力有人比你強,凡事愛同人商量,利益
愛分人分享,人多自然力就強。

註 同人:和人;分(bunˊ)人:給人;分(funˊ)享(hiongˋ)

釋 人外有人,能力有人比你強,凡事要多和他人商量,利
益也要懂得與人分享,人緣佳助力多,成功的機率自然
也就大。

240. 虔誠來到伯公下,手拿清香來唱喏,好人
神明會保祐,作惡毋使去唱喏。

註 虔(kianˇ)誠(siinˇ);伯公:土地公;唱(cong)喏
(iaˊ):拜拜;作(zogˋ)惡(ogˋ):為惡;毋(mˇ)
使:不必

釋 懷著虔誠的心來到土地公廟前,手拿清香來拜拜,神明
只會保祐好人家,為惡的人拜神無也益。

241. 起屋愛起八角樓,出生貧家毋使愁,攀親
帶故分人笑,煞猛慢慢起高樓。

註 八角樓:是昔時大戶人家,請福州師父以木材打造的豪宅,
主要作為經商或待客之用;毋(mˇ)使(siiˋ):不必;分
(bunˊ):給;煞(sadˋ)猛(mangˊ):勤奮

釋 建屋要建八角樓,氣派舒適,出生貧家不必愁,攀親帶

故會被他人取笑,只要勤奮工作,慢慢也能蓋高樓。

---

**242.** 退步思考步步寬,用心計較般般錯,山珍海味喉嗹過,味留三分毋會錯。

註 喉(heuˇ)嗹(lienˇ):喉嚨;毋(mˇ):不

釋 凡事退步思考路必定步步寬,用心計較就般般錯,山珍海味只是隨喉嚨過,味留三分與人嚐是不會錯的。

---

**243.** 酒係食多出問題,話係講多惹是非,莫梟莫騙謀私利,善心善念天會知。

註 係(he):如果;梟(hieuˊ):欺騙

釋 酒喝多會出問題,話講多會惹是非,有利要共享,莫用騙術謀私利,心存善念天會知,也會得善報。

---

**244.** 做了皇帝想成仙,做了豪富嫌少錢,人心貪念節節高,煞猛知足樂無邊。

註 煞(sad`)猛(mangˊ):勤奮

釋 做了皇帝想成仙,做了豪富嫌少錢,人心貪念節節高,勤奮又知足才能快樂無邊。

---

**245.** 做人一定信因果,因果報應毋係無,貪人小利眼前好,失格失信到底無。

註 毋(mˇ)係(he):不是

釋 做人一定信因果,因果報應一定有,貪圖小利只能獲得

---

眼前短暫的好處，失去了人格和信用，最終也會失去一切。

---

**246.** 做人一定信因果，非份貪得天會討，鳥心事情輒輒做，做若子孫就煩惱。

註 輒（jiab）輒：經常；若（ngia´）：你的

釋 做人一定要信因果，非份貪得老天會討回去，如果經常昧著良心做事，會禍遺子孫，將來你的子孫就煩惱囉！

---

**247.** 做人謙虛莫爭贏，風車攪穀冇先行，大水沖沙粗在後，人有本事正會贏。

註 攪（gau`）穀（gug`）：攪動風車篩穀；冇（pang）：空虛不實；正（zang）會：才會

釋 做人要謙虛，不要處處想爭贏，風車攪穀空虛不實的穀子會先吹出，大水沖沙粗石留在後頭，人有本事才會贏。

---

**248.** 做人一定愛善良，忍讓正會招吉祥，凡事用心多思量，無水蒔禾種雜糧。

註 正（zang）會（voi）：才會；蒔（sii）禾（vo˘）：插秧

釋 做人一定要善良，忍讓才會招來吉祥，凡事多用心思考，頭腦要靈活運用，田地沒水插秧也可改種耐旱的雜糧。

249. 做人心愛定，莫去惹事情，話多就會得失人，少事正有好心情。

註 得（died`）失（siid`）人（ngin´）：得罪人；正（zang）：才

釋 做人心要定，事不關己，不去惹事情，話多就容易得罪人，別多管閒事，心中少事自有好心情。

250. 做人毋好心野野，一樹難開兩樣花，專精一藝煞猛做，日長月久變專家。

註 毋（m´）：不；煞（sad`）猛（mang´）：勤奮

釋 做人野心不可太大舉棋不定，一樹難開兩樣花，專精一藝勤奮做，時日一久變專家。

251. 做人毋好壞心腸，善心善念心開揚，你贏倻輸也共樣，違法容易上公堂。

註 毋（m´）好：不要；倻（ngai´）：我；共（kiung）樣（iong）：一樣；公堂：法院

釋 做人不要存有壞心腸，心存善念心情就會開朗，對人不要太計較贏輸，做了違法事就容易上公堂受審。

252. 做人毋怕苦，就驚人好賭，久賭神仙也會輸，萬貫家財也難守。

註 毋（m´）：不

釋 做人不怕苦，就怕人好賭，久賭神仙也會輸，萬貫家財也難守。

253. 做人有誠信，出外人尊敬，講話就會畫虎
膦，三歲細人都毋信。

註 膦（lin`）：男性生殖器；畫虎膦：胡言亂語無誠信；細
（se）人：小孩；毋（m˘）：不

釋 做人有誠信，出外人尊敬，如果講話經常胡言亂語毫無
誠信，連三歲小孩都不會相信。

254. 做人係存壞心腸，到尾自家會受傷，你無
項項比人強，愛比麼儕較善良。

註 係（he）：如果；到尾（mi´）：最終；愛（oi）：要；麼
（ma`）儕（sa˘）：什麼人；較（ha）

釋 做人如果存有壞心腸，最終自己也會受到傷害，你沒凡
事都比人強，要比就比誰善良。

255. 做人做事莫逞強，你無項項比人強，各熟
一行愛專長，相互尊重係良方。

註 係（he）：是

釋 做人做事莫逞強，你沒凡事比人強，各熟一行要專長，
相互尊重才是最佳良方。

256. 做人做事愛用心，分心做無好事情，專精
一藝人會服，細細秤砣矺千斤。

註 細（se）細：小的；秤（ciin）砣（to˘）：秤重的金屬重
錘；矺（zag`）：壓

釋 做人做事要用心，分心做沒好事情，專精一藝可服人，小小秤砣可壓千斤重。

---

257. 做人莫忒精，忒精傷人心，凡事莫去貪小利，忍讓正係聰明人。

註 忒（ted`）：太；正（zang）係（he）：才是

釋 做人不要太會精算，太過精明容易傷人心，凡事要將心比心莫貪小利，懂得忍讓才是聰明人。

---

258. 做人就愛志氣高，卒仔也知愛過河，想食羊肉驚臊味，拈燒怕冷項項無。

註 臊（so´）；拈（ngiam´）燒怕冷（lang´）：畏首畏尾

釋 做人就要志氣高，卒子也知要過河，不然死路一條，想吃羊肉又怕臊，做事畏首畏尾將一事無成。

---

259. 做媒人又墊出本，做生理又蝕了本，各熟一行守本分，別人飯碗莫亂捧。

註 墊（tiab`）出本：貼錢；蝕（sad`）了本：虧本；捧（bung`）：以雙手承舉物品

釋 做媒人又貼錢，做生理又虧老本，各人專長不一要守本分，不是自己專業不要隨便跨足參與。

---

260. 國庫稅金莫亂花，到尾一定害自家，為官匆匆無幾久，積德正會好傳家。

註 到尾（miˊ）：最終；自（qid）家（gaˊ）：自己；正
（zang）：才

釋 服務公職，國庫裡民脂民膏的稅金如亂花，最後一定會
危害到自己，為官時間匆匆不多時，積德才能好傳家。

---

261. 做人愛自在，心肝拿來拜，善心善念存心
頭，梟人撮人天會怪。

註 心（ximˊ）頭（teuˇ）：心裡；梟（hieuˊ）人（nginˇ）、
撮（cod）人（nginˇ）：均指騙人

釋 做人要過得自在，要憑良心做事情，善心善念要常存心
頭，耍小聰明欺騙他人會遭天譴。

---

262. 做人愛講理，煮飯愛有米，凡事曉得有準
備，成功比人多機會。

釋 「理」字沒多重，千人扛不動，所以做人要講理，就像
煮飯要有米一樣。凡事曉得有先期的準備，成功機會就
會比人多。

---

263. 做人煞猛莫過碌，三餐毋使幾多穀，身體
愛顧愛知足，老來體健好享福。

註 煞（sad）猛（mangˊ）：勤奮；碌（lug）：繁忙；毋
（mˇ）使（siiˋ）：不必

釋 做人要努力工作但不要過勞，三餐不會需消耗太多食
物，平時要愛護身體也要知足，老來體健才能享受晚年
幸福的生活。

264. 堵到事情問專家，毋好去問大自家，大家
建議會爭差，最後摵衰你自家。

　註 堵（du‵）著（do`）：碰到；毋（m‵）好：不要；大（tai）
　　　自（qid`）家（ga´）：大家；爭（zen´）差（ca´）：差
　　　別；摵（mied`）：作弄
　釋 碰到事情要請教專家，不要去問大家，大家的建議會有
　　　差別，最後會搞亂自己思緒，倒霉的是自己。

265. 做事一步又一步，毋好貪心行險路，粗心
容易會失誤，猴仔也會跌落樹。

　註 毋（m‵）好：不可
　釋 做事要按步就班，不可貪心走險路，粗心容易會失誤，
　　　猴子靈巧也會失手掉下樹。

266. 堵著事情愛忍耐，毋忍毋耐事變大，做人
毋好心變壞，心壞老天也會怪。

　註 堵（du‵）著（do`）：碰到；毋（m‵）：不
　釋 事情來臨時要忍耐，小不忍則亂大謀。做人不可存有壞
　　　心眼，存心不良的人，連老天也會責怪。

267. 做事想頭又想尾，好頭正會有好尾，毋好
好食又懶做，神仙有手也難醫。

　註 想頭又想尾（mi´）：思維周密；毋（m‵）好：不可
　釋 做事之前能縝密思考，好的開始就是成功的一半，不可
　　　好吃懶做，神仙有手也難醫。

268. 恬過正想心清閒，苦過正知成功甜，後生
煞猛又省儉，家庭事業會圓滿。

註 恬（tiam`）：累；正（zang）：才；後（heu）生
（sang´）：年輕；煞（sad`）猛（mang´）：努力；省
（sang`）儉（kiang）：節儉

釋 累過才想到心清閒的舒適，苦過後才感覺成功的果實甜
美。年輕時能夠努力打拚又知節儉，不論家庭或事業都
會有較圓滿結局。

269. 做事一定愛用功，三心兩意難成功，東也
想來西也想，半節竹筒兩頭空。

釋 做事一定要用功，三心兩意難成功，又想西來又想東，
就會像半節竹筒一樣會兩頭空。

270. 做人講話愛細聲，大聲無人會愛聽，毋好
項項愛爭贏，爭贏得著壞名聲。

註 愛（oi）：要；細（se）：小；毋（m˅）好（ho`）：不
要；著（do`）：到

釋 做人講話要小聲，大聲沒人會愛聽，不可凡事都要與人
爭，爭贏了卻會壞了自己名聲。

271. 做官毋好好貪得，害子害孫失人格，本分
日仔也過得，財留子孫輸留德。

註 毋（m˅）：不

釋 當官不可好貪得，不但會禍遺子害，還會失去自己的人格尊嚴，只要守本分日子也還過得去，財留子孫不如留德。

---

272. 做得正正行得遠，食得少正身體健，行差壞路愛聽勸，橫打直過失人緣。

註 正（zang）：正；正（zang）：才；行（hang ˇ）差（ca ´）：走錯；橫（vang ˇ）打直（ciid）過：蠻橫不講理

釋 人做得正路才走得遠，吃得少就病得少，身體自然健康。誤入歧途時要聽勸告，蠻橫不講理就會失去人緣，少助緣就難成功。

---

273. 摘茶愛摘兩三皮，做事孔竅你愛知，毋係專業莫假會，假知容易惹是非。

註 摘（zeng `）茶（ca ´）：採茶；皮（pi ˇ）：片；孔（kung `）竅（kieu）：竅門；毋（m ˇ）係（he）：不是

釋 採茶要採兩三片嫩葉，做事要抓到竅門，不是專業別裝懂，裝懂容易惹是非。

---

274. 教子一定愛讀書，人有字墨毋會輸，挔樵推車各人命，毋驚做到兩頭烏。

註 字（sii）墨（med）：喻學問；毋（m ˇ）：不；挔（kai ´）樵（ceu ˇ）：挑柴；兩頭烏：不見天日

釋 教子一定要讀書，人有學問不會輸，挑柴推車各人命，只要子弟愛讀書，不怕早出晚歸的辛勤工作。

---

275. 細人著大鞋，行路離離犁，是非善惡心主宰，各人造業各人挐。

註 細（se）人：小孩；著（zog`）：穿；離（liˇ）離犁（laiˇ）：東倒西歪；挐（kaiˊ）：挑

釋 小孩穿大鞋，走路會東倒西歪，人的所為是非善惡均由心主宰，各人造業各人了。

---

276. 細樹扶直易，樹大扶直難，百項頭路百項難，耐心做事莫驚煩。

註 細（se）：小；

釋 小樹扶直容易，樹大就扶直難，凡事成功都不容易，只要耐心做事不怕煩就可衝破難關。

---

277. 做兩毫曉省一毫，三年會變萬富婆，做人毋好忒瑣屑，瑣屑同人攞毋著。

註 毫（hoˇ）：極細微的；毋（mˇ）好：不可；忒（ted`）：太；瑣（so`）屑（seb`）：小氣；同：和；攞（loˊ）：混雜在一起；攞（loˊ）毋（mˇ）著（do`）：合不來

釋 賺兩毫能省一毫，三年會變成萬富婆。做人不可太小氣，小氣的人會與人合不來。

---

278. 船無方向難出港，人無理想難過江，出校門先學度量，出家門先學謙讓。

註 難過江：難成就事業；度（tu）量（lion）：胸襟

釋 船不照港灣規定的方向就難出港，人無理想也難成就事業。未出學校門要先學肚量，未出家門先學謙讓，有助未來發展。

279. 莫逞財勢亂發火，忍讓兩字愛當寶，爭強鬥勝難保命，量大福大少煩惱。

釋 不可憑恃著自己財勢隨意生氣傷人，處世要將忍讓兩字當作寶，爭強鬥勝容易傷害自己，量大福就大也會少煩惱。

280. 貧莫愁來富莫誇，哪有貧長富久家，良心做事無虛假，富貴會跈積善家。

註 哪（nai）：那；跈（ten˘）：跟
釋 貧莫愁來富莫誇，那有貧長富久家，良心做事不虛假，富貴會跟積善人家。

281. 貪字頭會貧字尾，貪字毋係好東西，榮華富貴靠自己，貪念一起惹是非。

註 毋（m˘）係（he）：不是
釋 貪的結果往往會以貧窮收場，貪字不是什麼好東西，榮華富貴要靠自己，貪念一起就會惹是非。

282. 貪官毋怕你窮，屬鬼毋怕你瘦，你係烏心又好鬥，失敗正知有好嗷。

註 毋（mˇ）：不；係（he）：如果；正（zang）知：才知；
嘍（gieu）：哭

釋 貪官貪得無厭不怕你窮，邪惡的厲鬼也不怕你瘦，你如
果心術不正又好鬥，失敗才驚覺就為時已晚了。

---

283. 貧窮莫失志，有錢人會聚，財聚人散無生
趣，財散人聚增福氣。

註 生（senˊ）趣（qi）：生動又有趣

釋 貧窮莫失志，有錢人會聚，財聚人散無樂趣，財散人聚
了會增添福氣。

---

284. 鳥在籠中難高飛，人無專業難發揮，百樣
頭路有人做，毋使項項都想知。

註 頭（teuˇ）路（lu）：工作、職業；毋（mˇ）使（siiˋ）：
不必

釋 鳥在籠中難高飛，人無專業難發揮，百樣職業有人做，
不必凡事都想了解學習。

---

285. 鳥有翼胛能高飛，家貧子弟莫自卑，他人
成功有道理，煞猛會逢好時機。

註 翼（id）胛（gabˋ）：翅膀；煞（sadˋ）猛（mangˊ）：勤
奮

釋 鳥有翅膀能高飛，家貧子弟莫自卑，他人成功是有道理
的，努力就會逢到好時機。

286. 鳥無翼難高飛，腳無力也難企，酒桌食酒莫貪嘴，酒醉痛苦自家知。

註 企（ki´）：站；自（qid）家（ga´）：自己

釋 鳥無翼難高飛，腳無力也難站立，酒桌喝酒別貪杯，酒醉的痛苦只有自己知道。

287. 鳥嘴牛屎朏，有入毋罅出，閒閒于于毋去碌，油米毋會走入屋。

註 屎（sii）朏（fud`）：屁股；罅（la）：夠；閒閒于于（cog`）：沒事閒逛；碌：工作；毋（mˇ）：不；走（zeuˇ）：跑

釋 鳥嘴牛屁股，比喻收入少支出多，必定入不敷出，平時遊手好閒不工作，油米不會自己跑進屋內。

288. 博士就知該一息，毋係神仙項項知，各熟一行愛自重，貪圖名利福會飛。

註 該（ge）：那；一息：一些些；毋（mˇ）係（he）：不是

釋 博士就只懂得那一些些專業領域，又不是神仙樣樣都精通，各熟一行要自重，貪圖名利會折損自己福氣。

289. 媒人做媒也真難，有成無成兩三行，凡事都係起頭難，目標正確莫驚煩。

註 係（he）：是；正（ziin）確（kog`）

釋 媒人做媒也真難，成功與否都至少要走兩三趟，凡事都

是起頭難，只要目標正確，以耐煩的精神全力以赴，就
容易成功。

---

290. 富人行路會有風，無錢人家難出眾，前途
事業自家衝，倚恃他人項項空。

註 倚（i`）恃（sii）：依賴
釋 現實社會，富人走路會有風，沒錢就難出眾，前途事業
要靠自己衝，依賴他人會落空。

---

291. 寒冬毋凍勤織女，饑荒毋餓勤耕人，好食
懶做毋做人，早慢一定出事情。

註 毋（mˇ）：不；毋做人（nginˇ）：不學無術
釋 寒冬不凍勤織女，饑荒不餓勤耕人，好吃懶做不學無
術，遲早一定會出事情。

---

292. 惡虎難敵猴群，兩手難擋四拳，人多力強
就會贏，曉得施捨得人緣。

釋 惡虎難敵猴羣，兩手也難擋四拳，人多力強就會贏，曉
得施捨會得人緣。

---

293. 朝朝睡到日頭紅，黃金何日可隨身，貧窮
毋怕怕失志，失敗失志難翻身。

註 朝（zeuˊ）：早晨；日（ngid`）頭（teuˇ）紅：日升三
竿；毋（mˇ）：不

釋 每天早上睡到日升三竿，黃金何日可隨身，窮不怕怕失
志，失敗失志就難翻身。

---

294. 無用貓仔鑽灶空，無用子弟望祖宗，自家
賺个正實在，懶尸到尾一場空。

註 个（ge）：的；正（zang）：才；懶（lan´）尸（sii´）
尸：懶惰；到尾（mi´）：最終

釋 無用貓只會鑽進灶裡取暖，無用的子弟只會寄望祖先的
財產，要自己賺的才實在，懶惰到頭是一場空。

---

295. 無名草木年年青，人無兩度又後生，書難
爲學勤加讀，成功正有好名聲。

註 後（heu）生（sang´）：年輕；正（zang）：才

釋 枯木逢春猶再發，無名草木年年青，人無兩度又少年，
書難為學要勤用功，成功才會獲得好名聲。

---

296. 無效當歸一石，有效青草一葉，百工百藝
有人做，心專石穿旺事業。

註 石（sag）：十斗

釋 治病要對症下藥，無效的話，當歸一石也罔效；有效的
話，青草一葉足矣!百工百藝都有人做，心專石會穿，
有助事業發展。

---

297. 無錢方斷酒，臨老始看經，好漢毋食後悔
藥，識想正係聰明人。

註 識（siid）想（xiong`）：用心思考；正（zang）係（he）：
才是

釋 無錢方斷酒和臨老始看經都為時已晚，好漢不吃後悔
藥，事後的已悔悟無濟於事，凡事能事前縝密思考才是
聰明人。

298. 煮飯愛有米，天寒愛蓋被，做事一定存天
理，騙人到尾騙自己。

註 愛（oi）：要；到尾（mi´）：最終

釋 煮飯要有米，天冷要蓋被，做事一定要心存天理，欺騙
他人的行為最終受害的是自己。

299. 登上山頂眼界開，短視近利人看脧，毋愁
事情歸堆來，就驚自家心毋開。

註 脧（zoi´）：男性生殖器；人看脧：讓人瞧不起；歸
（gui´）：集中；毋（mˇ）：不

釋 登上山頂視野開闊，短視近利會讓人瞧不起。不愁事情
接踵來，就擔心自己內心不開朗，難以成事。

300. 發擺大水積層泥，經過一事長一智，堵著
困難愛多試，正會練有真本事。

註 發（bod`）擺（bai`）：發生一次；堵（duˇ）著（do`）：
碰到；正（zang）：才

釋 發生一次大水地上會積層泥，經過一事會長一智，碰到
困難要多試，才會練有真本事。

301. 等水盡難滾，等子也難大，做事求穩莫求快，成功機會會變大。

註 盡（qin）：很

釋 等水難滾，等子也難長大，做事要求穩不要求快，成功機會會變大。

302. 菜頭果子尾，食了你就知，老古人言全智慧，曉得善用得先機。

釋 早批的青菜和收尾的水果都是最好最甜的，吃了你就知道，先人的言語包含了滿滿的智慧，能夠善用就能掌握成功的先機。

303. 蛤蟆一旦跌落井，何時正有出頭天，少年得志毋係錢，腳步踏差難回天。

註 蛤（haˇ）蟆（maˇ）：屬蛙類，體型似青蛙但較大，體色呈暗褐，背有黑點；正（zang）有：才有；毋（mˇ）係（he）：不是

釋 蛤蟆一旦跌落井，何時才有出頭天。少年得志賺到錢，不代表一輩子會有錢，人只要踏錯一步，就會像蛤蟆跌落井一樣難回天。

304. 蛤蟆跌落井，難有出頭天，後生懶尸天天醉，出頭難過上青天。

註 蛤（haˇ）蟆（maˇ）：屬蛙類，體型似青蛙但較大，體色呈暗褐，背有黑點；後（heu）生（sangˇ）：年輕；懶

（lan´）尸（sii´）：懶惰；青（giang´）天（tieu´）：晴
朗的天空

釋 蛤蟆跌落井，難有出頭天，年輕時懶惰天天喝得醉醺
醺，出頭難過上青天。

---

305. 買賣算盤愛公平，貪圖小利費精神，顧客
目珠金利利，何必處處愛贏人。

註 目（mug`）珠（zu´）：眼睛

釋 買賣算盤要公平，貪圖小利費精神，顧客眼睛雪亮，何
必處處要贏人。

---

306. 閒時看書真係好，打開書頁全係寶，良言
善語有學著，人品自然慢慢高。

註 係（he）：是；著（do`）：到

釋 空閒時看書自娛真件非常好的事情，打開書頁都是前人
的智慧結晶字字珍寶，多學些良言善語，人品自然慢慢
會提高。

---

307. 黃袍加身人人愛，狐群狗黨會來拜，榮登
高位牟私利，這種權利會失敗。

註 黃袍加身：喻身穿黃袍，即被擁立為至尊皇帝；牟
（meuˇ）私利：以不當手段謀取私利

釋 人人都想稱王稱帝，果能如此，狐群狗黨會來朝拜，榮
登高位如僅牟私利，這種權利會失敗。

308. 想有好手路，愛下死功夫，專精一藝好手
路，行遍天下毋會輸。

註 手（su`）路（lu）：手藝；毋（m‵）：不

釋 想要學得好手藝，必須下死功夫，有了專精的好功夫，
行遍天下都不會輸。

309. 想長壽愛多行路，想明理愛多讀書，腹有
詩書路頭闊，毋讀詩書無目珠。

註 腹（bug`）：肚子；路頭：前途；毋（m‵）：不；闊
（fad`）：寬敞；目（mug`）珠（zu′）：眼睛

釋 想長壽要多走路運動，想明理要多讀書，腹有詩書不會
輸，不讀詩書就好似有眼無珠，難辨清事理。

310. 想就想著別人過，忘又忘忒自家錯，別人
有過毋放過，早慢一定會惹禍。

註 著（do`）：到；忘忒（ted`）：忘掉；毋（m‵）：不

釋 心裡想的都是別人的過，忘又忘了自己的錯，別人有過
不放過，早晚一定會惹禍。

311. 愛食百歲命，也愛自家儉，各人前途各人
拚，無拚老來難好命。

註 儉（kiang）：節制、愛惜

釋 想活長命百歲，也要自己能節制飲食，愛惜身體。各人
前途要各人去打拚，年輕不打拚，老來就難好命。

312. 愛賺大錢險中鑽，安分守己求平安，違法
梟人莫去賺，人會算來天會斷。

註 梟（hieu´）人：騙人
釋 要賺大錢要從險中鑽，安分守己能求平安，違法騙人的
錢財別去賺，人會算老天也自會有公正的評斷。

313. 會走走毋過影，會辯辯毋過理，做人就愛
明道理，橫打直過無藥醫。

註 走（zeuˋ）：跑；毋（mˇ）：不；橫（vangˇ）打直（ciid）
過：蠻橫不講理
釋 會跑跑不過影子，會辯也辯不過理字，做人就要明是
非，蠻橫不講理就無藥可醫。

314. 煞猛無難事，懶人事事難，堵著事情想清
閒，百項頭路百項難。

註 煞（sadˋ）猛（mang´）：勤奮；堵（duˇ）著（doˋ）：
碰到
釋 勤快做事無難事，懶人無心就事事難，事情來臨還想以
清閒應付，那就凡事都難成功。

315. 矮凳仔會徑橫人，藥單三抄毒死人，大凡
小事愛細義，恁呢正係聰明人。

註 矮（aiˋ）凳（den）仔（eˋ）；徑（gang）橫（vangˇ）
人：拌倒人；細（se）義（ngi）：小心；恁（anˋ）呢
（neˇ）：這樣；正（zang）係（he）：才是

釋 矮凳子會拌倒人，藥單經過三人抄寫會毒死人，凡事都
要小心，這樣才是聰明人。

---

316. 得理時節愛饒人，失意時節有人憐，麼儕
做事無人評，口業係重誤事情。

註 麼（ma`）儕（sa˘）：什麼人；係（he）：如果
釋 得理時要饒人，失意時就會有人憐，誰人做事無人評，
口業重會惹人嫌，也容易誤事情。

---

317. 義斷親疏只為財，亂性失言多因酒，少年
得志難長久，人到中年萬事休。

釋 義斷親疏只為財，亂性失言多因酒，少年得志難長久，
人到中年萬事休。

---

318. 腳踏田土想先祖，耕田教子真辛苦，後生
食苦當食補，成功也愛知反哺。

註 後（heu）生（sang´）：年輕人
釋 腳踏田土就會想到先祖披荊斬棘的辛勞，父母耕田又教
子真辛苦，年輕人要把吃苦當吃補，成功時候也要知反
哺之恩。

---

319. 腹有筆墨路頭長，陂塘無水魚難養，一時
落魄心莫亂，日頭落山有月光。

註 筆墨：喻學問；路頭長：喻前途寬廣；陂（bi´）塘
（tong˘）：池塘；日（ngid`）頭（teu˘）：太陽

**釋** 詩書滿腹前途寬廣，池塘無水魚難養，一時的落魄心莫
慌亂，太陽下山還有月光。

---

320. 萬事總係起頭難，目標正確莫驚煩，面對
逆風駛孤帆，信心正可衝過關。

**註** 係（he）：是；正（ziin）確（kog）；正（zang）：才
**釋** 萬事總是起頭難，目標正確不要怕煩，面對逆風駛孤
帆，信心才可衝過難關。

---

321. 衙門官廳好修行，高官厚祿莫相爭，有朝
一日下官銜，愛留清白好名聲。

**註** 衙（ngaˇ）門（munˇ）：政府的辦公處所
**釋** 衙門官廳是很好的修行場所，不要為了高官厚祿你爭我
奪，有朝一日卸下官銜，要留清白名聲在人間。

---

322. 該得正好得，貪得失人格，金山銀山會使
忒，貪財實在輸貪德。

**註** 正（zang）：才；使（siiˋ）忒（tedˋ）：用掉
**釋** 該得才好得，貪得會失人格，金山銀山會用完，貪財實
在不如貪求品德。

---

323. 路上行人來來往，求名求利算正常，係無
立志濫糝撞，人生道路渺渺茫。

**註** 係（he）：如果；濫（lamˋ）糝（samˋ）撞：胡亂撞

釋 路上行人來來往往，為求名或求利是正常現象。人不立志，毫無目標胡亂撞，人生道路必定渺渺茫茫。

---

**324.** 運去黃金會退色，時來生鐵有光澤，失意毋好心打結，省儉煞猛有所得。

註 毋（mˇ）好：不可；省（sangˋ）儉（kiam）：節儉；煞（sadˋ）猛（mangˊ）：努力

釋 時運衰敗時黃金也會退色，運氣來臨時生鐵都會有光澤。失意時不可讓自心糾結一籌莫展，只要節儉又努力就能突破困境有所得。

---

**325.** 過年容易過日難，做事容易做人難，毋使項項求圓滿，安分守己心清閒。

註 毋（mˇ）使（siiˋ）：不必

釋 過年容易過日難，做事容易做人難，不必凡事求圓滿，能安分守己心情自然清閒。

---

**326.** 道理三歲細人知，八十老人做毋著，凡事用心多思考，成功機會會變多。

註 細（se）人：小孩；著（doˋ）：到

釋 三歲小孩知道的道理，八十歲老人卻做不到，凡事用心多思考，成功機會會變多。

---

**327.** 飽帶乾糧晴帶遮，靠東靠西靠自家，逢人但講三分話，話多一定人緣差。

註 遮（za´）：傘

釋 飽帶乾糧晴帶傘，是有未雨綢繆一切靠自己的積極心態。逢人且說三分話，未可全拋一片心，話多人不愛，也必定人緣差。

---

**328.** 蒔田記得草愛挲，無挲稗仔靚過禾，百項頭路也共樣，懶尸定無好結果。

註 蒔（sii）田（tien´）：插秧；挲（so´）草（co`）：以兩膝跪於稻田中，並以雙手搓摸除草；稗（pai）仔（e`）：一年生草本植物，葉子像稻，果實像黍米；靚（jiang´）：漂亮；禾（vo´）：稻子；懶（lan´）尸（sii´）：懶惰

釋 插秧記得要除草，不除草稗草會比水稻長得好，凡事都一樣，懶惰定沒好結果。

---

**329.** 廣積財不如勤教子，想避禍就愛積德，各人造業各人挨，善惡有報走毋得。

註 挨（kai´）：挑；走（zeu`）毋（m´）得（ded`）：跑不了

釋 廣積財不如勤教子，想避禍就要多積德，各人造業各人了，善惡有報跑不了。

---

**330.** 德者才之主，才者德之奴，有德無才天會補，有才無德到尾苦。

註 到尾（mi´）：最終

釋 道德是才能的主人，才能是道德的奴隸，有德無才老天

會出手相助，有才無德的人，會做出損人利己的事，最終也會害苦自己。

---

331. **蝱嫲雖無目，飛過三間屋，煞猛耕田會有穀，毋使求人看面目。**

註 蝱（sed`）嫲（ma`）：吸血的蝱子；煞（sad`）猛（mang´）：勤奮；毋（m`）使（sii`）：不必；面（mien）目（mug`）：臉色

釋 蝱子雖不長眼，但可飛過三間屋的距離，各有所長。勤奮耕作就會有穀物收成，不必求人看臉色。

---

332. **賢又多財損其志，戇又財多益其過，財留子孫多災禍，德留後代安樂多。**

註 戇（ngong）：笨

釋 賢而多財損其志，愚而財多會增加其犯過的機會，財留子孫多災禍，留德可庇蔭後代，子孫就安樂多。

---

333. **賣田毋敢田塍行，賣子毋敢喊子名，事業失敗擔輸贏，煞猛一定有路行。**

註 毋（m`）：不；田（tien`）塍（siin`）：田埂；擔輸贏：自我承擔；煞（sad`）猛（mang´）：勤奮

釋 賣田不敢走在賣地的田埂上，賣子也不敢喊兒子的名字，都會觸景傷情。事業失敗要有承擔的勇氣，努力工作一定能改善困境。

**334.** 窮莫養嬌子，富莫畜畫眉，惜子害子愛注意，玩物喪志藥難醫。

註 畜（hiug`）：養

釋 窮莫養嬌子，要教子讀書，富莫養畫眉，遊手好閒會喪志，過分疼小孩等於害子的道理你要注意，玩物喪志就無藥可救。

**335.** 賭博場中人心惡，無刀無劍皮會剝，貪字頭會貧字腳，安分守己正安樂。

註 正（zang）：才

釋 賭博場中人心惡，沒刀沒劍皮會剝，貪的結果會以貧窮收場，安分守己才安樂。

**336.** 賭博場中無人情，父子輸贏也愛清，金盆洗手做好人，家庭和樂值千金。

註 值（dad`）

釋 賭博場中沒人情，父子輸贏都要清，金盆洗手做好人，家庭和樂值千金。

**337.** 養心極處人無過，別人有過愛放過，斤斤計較到底無，心量廣大福就多。

釋 六祖惠能大師：若真修道人，不見他人過。也就是養心極處看他人都無過，別人有過要放過，斤斤計較到最後會得不償失，心量廣大福就多。

**338.** 壁項畫雞毋會啼，手繡桂花毋會香，做人愛有好心腸，心有慈悲勝花香。

註 壁項（hong）：牆壁上；毋（mˇ）會：不會；愛（oi）：要

釋 壁上畫的雞不會啼，手繡的桂花也不會香，做人要有好心腸，心存慈悲的人勝花香。

**339.** 學生也有寒暑假，倨愛煞猛顧屋下，人窮莫去靠別儕，靠東靠西靠自家。

註 倨（ngaiˇ）：我；煞（sad`）猛（mangˊ）：勤奮；屋（lug`）下（kaˊ）：家裡；別儕（saˇ）：別人

釋 學生也有寒暑假，我為家計要一直認真打拚，人窮別去依靠別人，只有自己才是最可靠。

**340.** 樹仔驚分人剝皮，人驚懶尸無志氣，鳥能高飛因有翼，成功一定有準備。

註 樹仔（e`）：樹木；分（bunˊ）人：給人；懶（lanˊ）尸（siiˊ）：懶惰

釋 樹怕人剝皮，人怕懶惰沒志氣，鳥兒有翼能高飛，成功一定要有事前準備。

**341.** 燈盞無油火毋光，陂塘無水魚難養，堵著困難心愛靜，日頭落山有月光。

註 燈（denˊ）盞（zan`）：油燈；毋（mˇ）：不；陂（biˊ）塘：池塘；堵（du`）著（do`）：碰到

> 釋 油燈沒油火不亮，池塘沒水魚難養，碰著困難要沉著，日落還會有月光。

---

**342.** 獨手擎石難，人多好搬山，有心做事事不難，拈燒怕冷項項閒。

> 註 擎（kiaˇ）：高舉；拈（ngiamˊ）燒怕冷（langˊ）：畏首畏尾
>
> 釋 單手高舉石頭難，人多好搬山，有心做事事不難，凡事畏首畏尾就難成功。

---

**343.** 鋸仔多銼正會利，書愛多讀長智慧，下班時間無浪費，機會早慢輪到你。

> 註 銼（co）：磨；正（zang）：才；著（doˋ）：到
>
> 釋 鋸子多磨才會利，書讀多了會長智慧，不浪費下班後的休息時間，機會早晚會輪到你。

---

**344.** 頭擺農民生活苦，家家戶戶愛畜豬，高山頂項種樹薯，山光人窮難致富。

> 註 頭（teuˇ）擺（baiˋ）：從前；畜（hiugˋ）：養；頂（dangˋ）項（hong）：上面
>
> 釋 從前農民生活苦，家家戶戶都養豬，高山上面種樹薯，山光人窮難致富。

---

**345.** 牆有縫來壁有耳，講話一定愛細義，別人事情由佢去，話多出事就費氣。

註 縫（pung）；細（se）義（ngi）：小心；費（fi）氣（hi）：麻煩；佢（iˇ）：他

釋 牆有縫壁有耳，講話一定要小心，別人事情由他去，話多出事就麻煩。

---

**346.** 頭讀書又二積德，三風水又四屋場，各人觀念無共樣，積德正會後代昌。

註 風（fungˊ）水（suiˋ）：墓地、環境；屋（vugˋ）場（congˇ）：居家地理；共（kiung）樣：一樣；正（zang）：才

釋 頭讀書二積德，三風水四屋場，是古時對家族興旺與否順口溜，但往往各人價值觀念不一，僅供參考，只有多積德後代才會繁衍昌盛。

---

**347.** 膽大做將軍，膽細虐毛蟲，後生立志就愛衝，拈燒怕冷難成功。

註 細（se）：小；虐（ngiogˋ）毛（moˊ）蟲（cungˇ）：有長細毛昆蟲的通稱；後（heu）生（sangˊ）：年輕；拈（ngiamˊ）燒怕冷（langˊ）：畏畏縮縮

釋 膽大的人可做大將軍，膽小如鼠的人就像無用的毛毛蟲一樣難立足於社會，年輕時要立定志向往前衝，畏畏縮縮難成功。

---

**348.** 臨暗日頭會落山，人老一定會還山，日出日落有循環，青春一去不復返。

註 臨（limˇ）暗（am）：傍晚；日（ngid`）頭（teuˇ）：太陽；還（vanˇ）山：回歸大地、往生

釋 傍晚太陽會下山，人老一定會往生，日出日落有循環，而人生青春一去不復返。

---

**349.** 講話毋使忑大聲，大聲就會分人嫌，惡語傷人利過劍，良言善語糖樣甜。

註 毋（mˇ）使（sii`）：不必；忑（ted`）：太；分（bun´）：給

釋 講話不必太大聲，大聲就會遭人嫌，惡語傷人利過劍，良言善語糖樣甜。

---

**350.** 講話就顛顛倒倒，做事又摸摸趖趖，蒔田就等割好禾，無去挱草仰得著。

註 摸（mo）摸趖（so´）趖：拖拖拉拉；蒔（sii）田：插秧；挱（so´）草（co`）：以兩膝跪於稻田中，並以雙手搓摸除草；仰（ngiong`）得（ded`）著（do`）：怎可能

釋 講話反覆無常，做事又拖拖拉拉，插完秧就想等好收成，不去除草怎有可能。

---

**351.** 還生頭臥臥，毋知死日到，兔仔毋食竇邊草，安全防護愛做好。

註 頭（teuˇ）臥（ngo）臥：抬頭向上望；毋（mˇ）：不；竇（deu）：窩

釋 活著的時候走路好似生龍活虎般的抬頭向上望，完全沒

料到無常隨時會降臨。兔子不吃窩邊草，是為了欺敵做好安全防護措施。

---

**352.** 壞鐵毋好打剪刀，好樵毋煮死田螺，凡事隨緣莫過勞，強求難有好結果。

註 毋（mˇ）好：不可；樵（ceuˊ）：用來當燃料的木材

釋 銹壞的鐵不可打剪刀，好的木材也不能浪費拿來煮死田螺，凡事要隨緣勿過勞，強求得來的東西難有好結果。

---

**353.** 騙人一尖錢，生理眾人嫌，烏心賺錢人會散，店仔遲早會倒店。

註 一尖（jiamˊ）錢：少數的錢；生（senˊ）理（liˊ）：生意；店（diam）仔（e`）：店舖

釋 貪小便宜騙人些許小錢，生意就會遭眾人嫌，昧著良心賺取黑心錢客人會流失，店舖遲早會關門。

---

**354.** 勸人一時用話，勸人一世用書，天下好話書說盡，愛書个人毋會輸。

註 个（ge）：的；毋（mˇ）：不

釋 勸人一時用話，勸人一世用書，天下好話書說盡，愛書人知識豐足又能活用就不會輸。

---

**355.** 櫻花落盡換新衣，生生不息展新機，短暫失意莫喪志，月落日出見光輝。

釋 櫻花落盡換綠衣，生生不息展新機，短暫失意別喪志，
月落日出會見光輝。

---

356. 爛鞋好墊腳，爛布好捽桌，風光時節省食
著，落魄有菜好上桌。

註 墊（tiab`）；捽（cud`）：擦；著（zog`）：穿
釋 爛鞋別丟好墊腳，爛布別丟好擦桌，風光時候懂得節省
衣食，落魄時候就還會有菜上桌。

---

357. 細籠難蒸大饅頭，廟細難入大菩薩，煞猛
毋驚路彎幹，頭路緊做會緊闊。

註 細（se）：小；煞（sad`）猛（mang´）：勤奮；毋（m˘）
驚：不怕；彎幹（vad`）：彎曲難行；頭（teu˘）路
（lu）：事業、工作；闊（fad`）：寬敞
釋 蒸籠小難蒸大饅頭，廟宇小難入大菩薩，努力不怕面前
道路難行，事業就會越做越寬廣。

---

358. 讀書定愛趕後生，腹有筆墨毋使驚，筆尖
就有蠻牛力，哪使拿紙尋先生。

註 後（heu）生（sang´）：年輕；筆（bid`）墨（med）：
比喻學問；毋（m˘）使（sii`）：不必；哪（nai）使：那
用；尋（qim˘）：找；先（xin´）生（sang´）：老師
釋 讀書一定要趁年輕，有了學問就不用擔心，筆尖就像蠻
牛般的孔武有力，有事就不必拿紙找老師代勞了。

第四篇
詼諧與逗趣

01. 一粒籃球大家搶，著著大獎人人想，天跌鳥屎無大獎，毋當煞猛較妥當。

> **註** 著（cog）著（do`）：中到；毋（m ˇ）當：不如；煞（sad`）猛（mang´）：努力工作；較（ka）
>
> **釋** 籃球場上一粒籃球大家搶，現實社會中大獎是人人的夢想，天上掉下的只有鳥屎不會有大獎，不如努力工作比較妥當。

02. 七十三又八十四，正學吹笛吹隻屁，自家能力愛自重，莫去逞強同人比。

> **註** 七十三又八十四：比喻年紀大；正（zang）：才；笛（tag）：嗩吶
>
> **釋** 年紀已七老八十才學吹嗩吶是有困難度，自己能力自己知道，不必逞強和人比，會徒增困擾。

03. 七歲罵八歲夭壽，麼儕先行無定數，口德愛守添福壽，惡言惡語名聲臭。

> **註** 麼（ma`）儕（sa ´）：誰；先行：先往生
>
> **釋** 七歲罵八歲夭壽，誰先往生還無定數，守口德會添福壽，造口業不但惹人嫌，還會得到壞的名聲。

04. 二月初二伯公生，康樂晚會多歌聲，鋼管細妹盡大膽，阿公看著眼盯盯。

> **註** 伯公生：土地公生日；細（se）妹（moi）：小姐；盡

（qin）：非常；著（do'）：到；眼盯（dang˅）盯：目不轉睛

**釋** 農曆二月初二是土地公聖誕日，康樂晚會多歌聲真熱鬧，鋼管小姐穿著大膽清涼，阿公看到目不轉睛。

---

05. 人老面會皺，禾黃穀會墜，開車之前食醉醉，可能容易撞碎碎。

**註** 皺（jiu）；墜（cui）：向下掉落

**釋** 人老臉會增添皺紋，稻穀熟了會向下墜，都是自然理。如果開車之前喝醉醉，可能容易撞碎碎。

---

06. 人老鬚會白，水退會見石，烏狗用染毋會白，老來莫去學吹笛。

**註** 吹笛（tag）：吹嗩吶；毋（m˅）：不

**釋** 人老鬚會白，水退會見石，黑狗用染不會白，都要順其自然，年老也別再去學嗩吶，吹得上氣不接下氣，難聽。

---

07. 人愛寮來菜愛尿，有閒愛尋朋友寮，小小誤會莫計較，河壩無差一堆尿。

**註** 寮（liau）：玩、休息；尋（qim˅）；河（ho˅）壩（ba）：大小河的統稱

**釋** 人工作累了要休息，菜澆了尿水會長得好。閒暇時要多找朋友談天敘舊，小小的誤會莫計較，河壩沒差一堆尿，有容乃大。

**08.** 人愛嫽來菜愛尿，偓換砲來人人好，食飽懶尸毋打拚，褲袋空空愛哪嫽。

註 懶（lan´）尸（sii´）：懶惰；毋（mˇ）：不；嫽（liau）：玩、休息

釋 人累了要休息，菜澆了尿水會長得好。棋盤上人人喜歡以偓換砲，吃飽遊手好閒不打拚，褲袋空空能去那裡玩呢？

**09.** 三個婦人家當過一張車，四個婦人家就像戲棚下，五個婦人家吵到喊阿爸，再加一隻來昏倒浴堂下。

註 當（dong）過（go）：更勝於；浴（iog）堂（tongˇ）：浴室

釋 三位婦人家在一起就像一輛行走中的車一樣嘈雜，四位婦人家在一起就像戲棚下的眾人吵雜聲，五個婦人家在一起就會吵到叫阿爸，再加一位來會昏倒在浴室裡。

**10.** 上山採茶唱山歌，後生愛跳迪士可，相互尊重莫囉唆，快快樂樂食到老。

註 後（heu）生（sang´）：年輕

釋 從前上山採茶唱山歌，現代年輕人愛跳迪士可，要相互尊重莫囉唆，就會快快樂樂活到老。

**11.** 大尾鼠就好腳步，爬樹像上高速路，天生天養順自然，各人前途各人顧。

**註** 大（tai）尾（mi´）鼠（cu`）：松鼠；好腳步：雙腳靈活

**釋** 松鼠雙腳靈活，爬樹像上高速公路，天生天養順其自然，各人前途要自己照顧。

---

12. 今年怪事特別多，公个也想結公婆，貪官選舉假清高，摵到社會烏疏疏。

**註** 公个（ge）：公的，指男人；摵（mied`）到（do`）：搞到；烏（vu´）疏（so˅）疏：漆黑骯髒

**釋** 今年怪事特別多，同為男人也想結為夫妻，貪官選舉假清高，搞得社會風氣骯髒混亂不堪。

---

13. 分蛇咬一口，看著索就走，坐涼又知愛風口，喊他做事像嘍狗。

**註** 分（bun´）：給；著（do`）：到；索（sog`）：繩；風（fung´）口（heu`）；嘍（leu）狗（gieu`）：喚狗

**釋** 給蛇咬一口，看到繩就跑。乘涼又知要在風口，喊他做事就像喚狗一樣無動於衷。

---

14. 少年讀書愛用功，毋好食飽眼皮鬆，開車你係濫糝撞，容易提早見祖宗。

**註** 毋（m˅）好：不可；係（he）：如果；濫（lam`）糝（sam`）：隨便

**釋** 少年讀書要用功，不可吃飽就眼皮鬆無精打彩。開車不守交通規則胡亂撞，可能容易出事，會提早見祖宗。

**15.** 日日進口糧食，朝朝出口肥料，進出順暢滿哪尞，有入難出有好噭。

> **註** 滿哪（nai）：到處；尞（liau）：玩；噭（gieu）：哭
>
> **釋** 日食三餐進口食物，每朝排放製造肥料，進出順暢身體好就可到處去玩，有進難出就會急的哭叫。

**16.** 毋吃鹹魚嘴毋腥，酒係食多面轉青，好酒个人天天醉，姐仔看著心會冷。

> **註** 毋（mˇ）：不；係（he）：如果；个（ge）：的；姐（jiaˋ）仔（eˋ）：太太；著（doˋ）：到
>
> **釋** 不吃鹹魚嘴不腥，酒喝多了臉發青，愛喝酒的人天天醉，太太看到心會冷了一半。

**17.** 毋愁細人毋讀書，就愁長大心變烏，細人屙屎滿哪跍，這下看著面會烏。

> **註** 毋（mˇ）：不；細（se）人（nginˇ）：小孩；滿哪（nai）：到處；跍（guˊ）：蹲；這（iaˋ）下（ha）：現在；著（doˋ）：到
>
> **釋** 不愁小孩不讀書，就愁長大不務正業心變黑，從前生活條件不佳，小孩大便到處蹲，現代社會己不允許了，會讓人反感噁心。

**18.** 平時培養兜興趣，老來毋會恁孤栖，打鼓拉弦盡生趣，唱歌跳舞也可以。

註 兜（deuˊ）：些；毋（mˇ）會：不會；恁（an`）孤（guˊ）
　　栖（xiˊ）：那麼孤獨；拉（laiˊ）弦（hianˇ）：拉二胡；盡
　　（qin）生（senˊ）趣（qi）：很有趣

釋 平時要培養些興趣，年老才不會那麼寂寞孤獨，打鼓或
　　拉二胡也都有趣，唱歌跳舞也可以。

---

19. 打鼓拉弦眞生趣，細妹來唱有味緒，係無
　　阿妹少一味，男人就好鼻臊味。

註 拉（laiˊ）弦（hianˇ）：拉二胡；眞生（senˊ）趣（qi）：
　　真有趣；細（se）妹：小姐；味（mi）緒（xi）：味道；
　　鼻（pi）：嗅、聞；臊（soˊ）味：動物的腥臭味，此喻女
　　人味

釋 打鼓拉二胡真有趣，有小姐來和唱會增添許多樂趣，如
　　缺少小姐加入，就會有少了一味的感覺，男人就是喜歡
　　聞臊味。

---

20. 打鼓拉弦眞鬧棚，鄉親朋友盡愛聽，又加
　　歌舞來幫撐，鬧鬧熱熱多掌聲。

註 拉（laiˊ）弦（hianˇ）：拉二胡；鬧（nau）棚（pangˇ）：
　　熱鬧；盡（qin）：非常；幫撐（cang）：幫忙、支持

釋 打鼓拉二胡真熱鬧，鄉親朋友很愛聽，又加歌舞來幫
　　忙，熱熱鬧鬧多掌聲。

---

21. 打鼓拉弦無簡單，先生上課認眞聽，就像
　　唱歌無勤練，唱出一定鴨公聲。

註 拉（lai'）弦（hian'）：拉二胡；先生：老師；鴨（ab`）
公（gung'）聲（sang'）：聲音沙啞

釋 學習打鼓和拉二胡都不容易，老師上課要認真聽，就像
唱歌不勤練，唱出的聲音一定沙啞難聽。

---

22. 禾穀吂出青又靚，細妹吂嫁嫩也靚，後生
看著心會癢，好賭好啉妹會驚。

註 吂（mang'）：尚未；靚（jiang'）：美；細（se）妹
（moi）：小姐；後（heu）生（sang'）：年輕人；著
（do`）：到；啉（lim'）：喝

釋 稻子抽穗前是長得綠又美，末嫁小姐的皮膚也是嫩又
美，年輕小伙子看到心會癢，但好賭嗜喝會讓小姐怕
怕。

---

23. 吂食五月粽，被骨莫上楝，熱天蚊蟲特別
凶，防熱防蟲莫放鬆。

註 吂（mang'）：末；被（pi'）骨（gud`）：被子；上
（song'）楝（dung）：收藏

釋 末吃五月粽，棉被還不可收藏起來了，夏天蚊蟲特別
凶，防熱防蟲莫放鬆。

---

24. 吂嫁人就先降子，吂做衫又先做領，豬四
狗三貓對擔，無照規矩壞名聲。

註 吂（mang'）：末；降（giung）子：生子；對（dui）擔
（dam）：二

釋 未嫁人就先生子，未做衫又先做領，以家畜的懷孕繁殖期而言，豬要四個月狗要三個月貓是兩個月，凡事不照規矩會獲得壞名聲。

---

25. **有食就同年，無食打兩拳，目珠愛金看得遠，交人交心愛交賢。**

註 同（tung）年（ngien）：比喻為好兄弟；目（mug`）珠（zu´）：眼睛

釋 有了吃喝就是好兄弟，沒得吃就拳腳相向。因此，交友眼光要看得遠，交友要交心又交賢。

---

26. **有酒膽又無酒量，噍酒醉會出洋相，毋堪身份濫摻撞，到尾自家會受傷。**

註 噍（sai´）：吃；毋（m`）堪（kam´）：不考量；濫（lam`）摻（sam`）：隨便；到尾（mi´）：最終

釋 有酒膽又沒酒量，喝酒醉就會出洋相，不考量自己身份能耐，喝醉了就胡亂撞，最終自己會受傷。

---

27. **有錢就阿哥，無錢變猴哥，歡場妹仔真現實，無錢毋會尋你坐。**

註 妹（moi）仔（e`）：女子；毋（m`）：不；尋（qim`）：找

釋 有錢就叫阿哥，沒錢就變成猴子，歡場女人現實的令人討厭，沒錢他們是不會找你坐檯的。

28. 汗流脈落一身汗，面紅濟借像新娘，衫底
皮膚嫩習習，男人看著心會慌。

註 汗（hon）流（liuˇ）脈（magˋ）落（log）：汗流浹背；
面（mien）紅（fungˇ）濟（ji）借（jia）：滿臉通紅；嫩
（nun）習（xib）習：幼嫩；著（doˋ）：到

釋 汗流夾背一身汗，滿臉通紅像新娘，衣衫底下的皮膚幼
嫩無比，男人看到心會慌。此喻客家婦女勤苦勞動情
形。

29. 自恨枝無葉，莫怨太陽偏，小小成就面獒
獒，人會佬著你發癲。

註 面（mienˋ）獒（ngauˇ）獒：桀驁不馴；佬（lauˋ）著
（doˋ）：以為；發（bodˋ）癲：發瘋

釋 自恨枝無葉，莫怨太陽偏，小小成就桀驁不馴不可一世
的樣子，別人會以為你發瘋不正常。

30. 行路就愛閃崩崗，堵著事情莫慌張，開車
之前啉茫茫，生命安全無保障。

註 行（hangˇ）路（lu）：走路；崩（benˊ）崗（gongˊ）：
懸崖；著（doˋ）：到；啉（limˊ）：喝

釋 走路要閃開懸崖，事情來臨莫慌張，如果開車之前喝的
醉薰薰，生命安全就毫無保障。

31. 志工服務心歡喜，大家出勤笑嘻嘻，自顧
自家無趣味，服務大眾係福氣。

註 自（gid）家（ga´）：自己；係（he）：是
釋 志工都是自願的，服務時都是心生歡喜，大家一起出勤
　 都面帶笑容。一個人如果只知顧自己，人生毫無樂趣可
　 言，有能力為大眾服務是一種福氣。

**32.** 求人像吞三寸劍，靠人如上九重天，開車
之前醉仙仙，可能提早見祖先。

註 九：是個位數之最大數，表多的意思
釋 求人像吞三寸劍，靠人如上九重天，兩者都非易事。酒
　 醉危險上路容易出事，可能會提早見祖先。

**33.** 男人就驚褲袋空，女人也驚褲帶鬆，輸徼
天光人又走，想愛翻身天不從。

註 輸徼（gieu`）：賭輸
釋 男人就怕口袋空，女人也怕淫蕩褲帶鬆，賭輸就天亮人
　 又跑光，想要翻身天已不從人願。

**34.** 牙膣又牙夯，挨水淋河壩，三分人講七分
話，雞胲爆忒鬧笑話。

註 牙（nga）膣（zii´）牙夯（da）：頭腦簡單，說話語無倫
　 次；挨（kai´）：挑；河（ho）壩（ba）：大小河的總
　 稱；雞（gie´）胲（goi´）：氣球；爆忒（ted`）：爆掉
釋 只有頭腦簡單傻乎乎的蠢才，才會做出挑水澆河的事，
　 三分人又講七分話，吹破牛皮會鬧笑話。

**35.** 來去花蓮路頭長，山明水秀好地方，一片高山一片洋，遠尞歸來心開揚。

註 尞（liau）：玩；歸（gui´）來：回來

釋 去趟花蓮路途遠，山明水秀好地方，一片高山一片海洋，出遊回來心情開朗。

**36.** 屋下樵燥米又白，係毋嫁𠊎會搿核，甘願毋嫁會搿核，也毋同你共被蓆。

註 屋（lug`）下（ka´）：家裡；樵（ceuˇ）：柴；係（he）如果；毋（mˇ）：不；𠊎（ngaiˇ）：我；搿（kag）：握住；核（hag）：睪丸；搿核：扼腕；共（kiung）被（pi´）蓆（qiag）：共枕

釋 我家柴乾米又白，如果不嫁我會後悔扼腕，寧願不嫁會後悔，也不願與你共枕眠。

**37.** 看佢老實又老實，連湯帶肉共下食，畫虎畫皮難畫骨，戇面戇面會偷食。

註 佢（iˇ）：他；共（kiung）下（ha）：一起；戇（ngong）：愚笨；戇面：笨拙的樣子

釋 看他一幅忠厚老實樣，吃飯連湯帶肉一起吃，畫虎畫皮難畫骨，表面憨厚的人往往會偷吃，真是知人知面不知心。

**38.** 食菸毋當去食屁，屁卵還有米穀味，外背空氣全煙味，大家出門愛注意。

註 食（siid）菸：抽菸；毋（mˇ）當：不如；屁（pi）卵（lonˋ）：屁；外（no）背（boi）：外面

釋 抽菸百害而無一益，還不如聞臭屁，臭屁還有米穀味，外面空氣有許多污染的煤煙味，大家出門要注意。

---

39. 食齋毋食韭蔥蒜，圓錢就愛傍大蒜，相互尊重無相干，你暢偓暢大家暢。

註 毋（mˇ）：不；圓（ianˇ）錢（qienˇ）：香腸（北四縣說煙腸、南四縣說圓錢）；傍（bongˋ）：配；暢（tiong）：開心；偓（ngaiˇ）：我

釋 吃素不吃韭蔥蒜，香腸就要配大蒜，相互尊重沒關係，你開心我開心大家都開心。

---

40. 時代變化得人驚，先生變到驚學生，前人智慧毋曉用，失敗正呻比大聲。

註 先（xinˊ）生（sangˊ）：老師；毋（mˇ）：不；正（zang）：才；呻（cenˊ）：呻吟

釋 時代變化快速驚人，老師變成怕學生，前人智慧如不善用，失敗就會呻吟比大聲。

---

41. 笑多無正經，唱多會走音，人唱低音你高調，聽著就會頭那暈。

註 著（doˋ）：到；頭（teuˇ）那（naˇ）暈（hinˇ）：頭暈

釋 嘻皮笑臉多了會讓人產生輕浮不正經的感覺，歌唱多也會走音，人唱低音你唱高調音，他人聽了會頭暈。

**42.** 酒桌料理恁豐沛，酒啉多少莫去怪，朋友
難得共一擺，氣氛贏過好酒菜。

> 註 恁（an`）那麼；豐（pong´）沛（pai）：豐盛；啉
> （lim´）：喝；一擺（bai`）：一次

> 釋 滿桌的豐盛料理，各人酒量不同，喝多喝少莫見怪，朋
> 友難得相聚一起，氣氛贏過好酒菜。

**43.** 酒醉个人話盡多，天文地理講得著，天寬
地闊佢最大，姐仔看著譴孤盲。

> 註 个（ge）：的；盡（qin）：非常；著（do`）：到；佢
> （i´）他；姐（jia）仔（e`）：太太；譴（kien`）：生
> 氣；孤（go´）盲（mo´）：罵人該死

> 釋 酒醉的人話特多，天文地理講得到，天地間就以他最
> 大，太太看到會氣死。

**44.** 針無兩頭尖，蔗無兩頭甜，在家日日愛著
靚，出外就會無新衫。

> 註 著（zog`）：穿；靚（jiang´）：漂亮

> 釋 針無兩頭尖，甘蔗也無兩頭甜，在家天天要穿美美的服
> 裝，外出時就會找不出新衣穿。

**45.** 高山頂項捉湖鰍，無影無跡講到有，膨風
个人無廉恥，聽聽笑笑也解憂。

> 註 頂（dang`）項（hong）：上面；捉（zog`）：抓住；湖
> （fu˘）鰍（qiu´）：泥鰍；膨（pong）風（fung´）：吹

牛；个（ge）：的

釋 高山頂上無水抓泥鰍，無影無蹤又硬詏說有，吹牛的人
不知恥，聽聽笑笑也可解憂。

---

46. 做人頭腦愛靈通，做事容易會成功，戇戇
呆呆濫糝撞，到尾就會一場空。

註 戇（ngong）戇呆（de´）呆：傻乎乎；濫（lam`）糝
（sam`）：隨便；到尾（mi´）：最終

釋 做人頭腦要靈通，做事容易會成功，傻乎乎漫無目的胡
亂撞，最終就會一場空。

---

47. 做媒人也真艱難，有成無成兩三行，項項
頭路項項難，係無煞猛做毋成。

註 係（he）：如果；（sad`）猛（mang´）：勤奮；毋
（m˅）：不

釋 做媒人也真艱難，成不成至少都要走兩三趟，凡事成功
都不容易，如果不努力是做不成功的。

---

48. 犁田毋當踏割耙，老姐毋當學老嫲，人老
還愛心野野，搣到屋下醹嘎嘎。

註 犁、割耙：都是耕田翻土和鬆土的農具；毋（m˅）當：
不如；老姐（jia`）：老婆；學（hog）老（lo`）嫲
（ma˅）：情婦；搣（mied`）到：搞到；屋（lug`）下
（ka´）：家裡；醹（neu˅）嘎（ga˅）嘎：亂七八糟

釋 犁田不如踏割耙來得輕鬆，老婆不如情婦貼心，人老還

會心狂野不定，一定會把家庭搞到亂七八糟。

---

**49.** 犁田毋當踏割耙，姐仔毋當學老嫲，學老
嫲心像毒蛇，目珠花花害自家。

> 註 犁、割耙：都是耕田翻土和鬆土的農具；毋（m）當
> （dong）：不如；姐（jia）仔（e）：老婆；學（hog）
> 老（lo）嫲（ma）：情婦；目（mug）珠（zu）：眼
> 睛

> 釋 犁田不如踏割耙來得輕鬆，太太又不如情婦嬌柔可人，
> 但有些情婦的心毒如蛇蠍，如不睜亮眼睛會害了自己。

---

**50.** 細人笑容實在靚，無搵糖也感覺甜，可惜
噭盯聲盡大，拉尿拉屎得人驚。

> 註 細（se）人：小孩；靚（jiang）：美；搵（vun）：沾；
> 噭（gieu）盯（zii）：哭泣；拉（lai）

> 釋 小孩天真無邪的笑容實在美，不沾糖也感覺甜，可惜哭
> 時音量大，隨意大小便也讓人不敢恭維。

---

**51.** 細人就驚虐毛蟲，男人就驚發酒蟲，好啉
好賭毋停動，輒輒就會米缸空。

> 註 細（se）人：小孩；虐（ngiog）毛（mo）蟲（cung）：
> 毛毛蟲；發（bo）：染；啉（lim）：喝；毋（m）停
> （tin）動（tung）：不勞動；輒（jiab）輒：經常

> 釋 小孩就怕毛毛蟲，男人就怕染酒癮，愛喝愛賭不勞動，
> 經常就會米缸空。

---

52. 細人跌倒歡喜，老人跌倒會死，窮人養家
    會做壞，富人食飽淨驚死。

    註 細（se）人：小孩；淨（qiang）：只
    釋 小孩學走步跌倒很逗趣，老人跌倒容易骨折會慢慢衰老
    而死，窮人為了養家工作非常辛苦，富人吃飽就只怕早
    死。

53. 買物無師父，加錢買就有，你有𠊎有大家
    有，一定會變好朋友。

    註 𠊎（ngaiˇ）：我
    釋 買東西沒師父，加錢買就有，利要分享，你有我有大家
    有，一定會變好朋友。

54. 開車一定照規矩，平安歸到屋下去，毋好
    尖來又尖去，發生意外就費氣。

    註 屋（lugˋ）下（kaˊ）：家裡；尖（jiamˊ）：擠；費（fi）
    氣（hi）：麻煩
    釋 開車一定遵守交通規則，才能平安回家去，不可性急擠
    來又擠去，發生意外就麻煩，安全才是回家最短的距
    離。

55. 想學唱歌１２３，想學英文ＡＢＣ，先生講話
    狗打屁，這種學生無藥醫。

    註 1（do）2（re）3（mi）；先（xinˊ）生（sangˊ）：老師

釋 想學唱歌要先學１２３，想學英文要先學ＡＢＣ，如果把老師講的話當狗打屁，這種學生沒藥醫。

---

56. 惹狗分狗咬，惹蜂分蜂叼，嚐飽閒閒手好撩賤，賺衰愛尋醫生包。

註 分（bun´）：給；叼（diau´）：叮咬；嚐（sai´）：吃；賤（qien）：頑皮、好動；賺衰：倒楣；尋（qim ˇ）：找

釋 惹狗給狗咬，惹蜂遭蜂螫，吃飽閒閒手頑皮好捉弄人家，倒楣碰上惡報受傷就要找醫生包紮。

---

57. 會算毋會籌，拿米換蕃薯，毋好看人大戇牯，自家箕仔愛先除。

註 毋（m ˇ）：不；戇（ngong）牯（gu`）：愚笨；箕（gi´）仔（e`）：去米糠的圓型竹器

釋 會計算但不懂得籌劃，就會做出拿米換蕃薯的愚蠢行為。不要把別人當傻瓜，自己的不足能力部分要先扣除。

---

58. 遠離是非地，自無是非生，菸酒檳榔不離口，早慢就會病上身。

釋 遠離是非地，自無是非生，菸酒檳榔不離口，早晚就會病上身。

**59.** 嘴甜大富貴，嘴賤口涎呸，酒係食多容易醉，話係講多易得罪。

**註** 口（heu`）涎（lan´）：口水；呸（pi）：吐；係（he）：如果

**釋** 嘴甜的討喜，容易獲得好處，嘴賤惹人厭，會遭吐口水，酒如喝多容易醉，話多了容易得罪人。

**60.** 熱天冰涼莫貪食，人个腸胃偏溫食，你係貪冷又好食，腸胃容易會出事。

**註** 个（ge）：的；係（he）：如果

**釋** 夏天冰涼飲料雖爽口，但不能貪吃，因為人的腸胃是偏溫食的，你如果喜歡貪吃冷食，腸胃就會容易出事情。

**61.** 頭擺採茶唱山歌，這下山肚全猴哥，肚飢便便有水果，農民道嘆無奈何。

**註** 頭（teu`）擺（bai`）：從前；這（ia`）下（ha）：現在；山肚：山裡；猴哥：猴子；飢（gi´）：餓；便（pien）便：現成；道（to）嘆（tau）：感嘆

**釋** 從前上山採茶唱山歌，近年來臺灣彌猴已列入保育動物，現在山裡全是猴子，肚子餓隨處都有現成水果可採食，農民只能徒嘆奈何。

**62.** 頭擺細人真調皮，摸螺挖蜆真生趣，偷偷招伴共下去，暗晡歸來就知死。

註 頭（teuˇ）擺（baiˋ）：從前；細（se）人：小孩；摸（miaˊ）螺（loˇ）挖（iadˋ）蜆（han´）：到河或水溝摸螺或蜆，比喻不幹好事；眞生（sen´）趣（qi）：真好玩；共（kiung）下（ha）：一起；暗（am）晡（bu´）：晚上；歸（gui´）來：回來

釋 從前小孩真調皮，專幹摸螺挖蜆惹大人生氣的好玩事，而且經常偷偷相約一起去，晚上回來就皮癢了。

---

**63.** 頭擺無錢點燈盞，有人偷電眞大膽，臨暗電線拿來挽，這下想著眞危險。

註 頭（teuˇ）擺（baiˋ）：從前；燈（den´）盞（zanˋ）：油燈；臨（limˇ）暗（am）：傍晚；挽（vanˋ）：掛；這（iaˋ）下（ha）：現在；著（doˋ）：到

釋 從前沒錢晚上照明點油燈，有人偷電真大膽，傍晚從家裡拉出電線直接掛在臺電的電線上，現在想起還真危險。

---

**64.** 講人是非話語多，一定分人嫌孤盲，自家嘴皮管昇好，鴨嫲毋使去管鵝。

註 分（bun´）：給；孤（go´）盲（mo´）：罵人的話，指別人很壞；嘴（zoi）皮（piˇ）：嘴巴；昇（biˋ）：給；鴨（abˋ）嫲（maˇ）：母鴨；毋（mˇ）使（siiˋ）：不必

釋 愛說別人的閒話，一定會讓人嫌棄不齒，做人只要管好自己嘴巴，就像母鴨也不必去管鵝一樣就沒事。

**65.** 頭擺鄉下生活苦，還細屙屎比比跍，摒屎就用細石牯，鼻流捽到面烏烏。

> 註 頭（teuˇ）擺（baiˋ）：從前；還（vanˇ）細（se）：小時候；比（beˇ）比：肩並肩；跍（gu´）：蹲；摒（binˋ）屎（siiˋ）：擦屁股；細（se）石（sag）牯（guˋ）：小石頭；捽（cudˋ）：擦

> 釋 從前鄉下生活苦，小孩屙屎排排蹲，拉完就用小石子擦屁股，個個鼻涕擦到兩頰黑。

**66.** 懶尸个人不用忙，有食有啉醉茫茫，日日睡到日頭紅，毋使愁慮空米缸。

> 註 懶（lan´）尸（sii´）：懶惰；个（ge）：的；啉（lim´）：喝；日（ngid）頭（teuˇ）紅（fungˋ）：太陽；毋（mˇ）使（siiˋ）：不必

> 釋 懶惰的人不用忙，有吃有喝就醉茫茫，天天睡到日昇三竿，也不必憂愁空米缸，人生也毫無意義。

**67.** 嚴官府會出惡賊，細人忒惜會上壁，人我對待愛相惜，火屎難天人閃避。

> 註 細（se）人：小孩；忒（tedˋ）惜：太疼；上壁（biag）：比喻無理取鬧；難（nadˋ）：灼傷；火屎難天：脾氣暴燥、暴跳如雷

> 釋 官府越嚴，小偷越兇悍，顯示「嚴」並非主政良方。小孩太疼會無理取鬧，人我對待要相互疼惜，如脾氣暴燥，別人會敬而遠之躲得遠遠的。

第五篇
修心與養身

01. 一山難容兩虎，一家不能兩主，多積陰功
就積福，一人有福庇滿屋。

> 註 庇（bi）；滿屋：全家
>
> 釋 一山難容兩虎，一家也不能有兩主，多積陰功就會累積
> 福分，一人有福會庇陰全家人。

02. 人心難測隔肚皮，烏心蘿蔔白面皮，人生
難逢係知己，一儕當過一畚箕。

> 註 係（he）：是；一儕（saˇ）：一人；當（dong）過：勝
> 過；畚（bun）箕（giˊ）：用來裝東西的竹製箕形器具，此
> 表多數
>
> 釋 人心難測隔肚皮，黑心蘿蔔還有白面皮，人生難逢是知
> 己，知己一人勝過許多的泛泛之交。

03. 人生在世無幾長，莫梟莫騙愛善良，相互
對待知忍讓，安分守己壽年長。

> 註 梟（hieuˊ）：欺騙
>
> 釋 人生如白駒過隙，不欺不瞞要善良，相互對待要忍讓，
> 安分守己就會延年益壽。

04. 人生就像坐火車，站站有人上下車，緣深
緣淺由它去，惜人愛像惜自家。

> 釋 人生就像坐火車，每站都有人上下車，緣深緣淺不強
> 求，疼惜別人要像疼惜自己一樣對待。

05. 人生無常難預料，黃泉路上無嫩老，人人都想食百二，少吃知足少煩惱。

> **釋** 人生無常難預料，黃泉路上無老少，人人都想長命百歲，少吃知足就會體健少煩惱。

06. 人生短短幾十年，莫爭莫鬥心清閒，他人是非由他去，安分守己食百年。

> **釋** 人生短短幾十年，莫爭莫鬥心清閒，他人是非由他去，安分守己壽命長。

07. 人多講得出眞理，穀多礱得出好米，別人是非係好論，煩惱自然會尋你。

> **註** 礱（lungˇ）：打穀去殼；係（he）：如果；尋（qimˇ）：找
> **釋** 人多可以講得出真理，穀多可以打得出好米，如果喜好談論別人是非，煩惱自然會找上你。

08. 人老退休莫想前，往日光景如雲煙，食飽著燒求壽年，快快樂樂像神仙。

> **註** 往（vongˇ）日（ngidˋ）：從前；著（zogˋ）：穿
> **釋** 人老退休別再沉醉在以往的風光歲月，從前光景已如雲煙般的飛逝了，吃飽穿暖求延壽，快快樂樂像神仙。

09. 人老項項愛細義，跌倒受傷就費氣，骨頭斷忒坐輪椅，身體慢慢弱下去。

註 細（se）義（ngi）：小心；費（fi）氣（hi）：麻煩；斷
忒（ted`）：斷掉

釋 人老凡事要小心，跌倒受傷就麻煩，骨頭斷掉坐輪椅，
身體會慢慢走下坡。

---

10. 十個地理九個破，一個無破無去做，生活
母使信過頭，心情自在較好過。

註 母（mˇ）使（siiˋ）：不必；較（ka）

釋 請風水師看地理，十個有九個不靈驗，一個不破的是因
沒去做，生活不必信太多，心情自在日子比較好過。

---

11. 三九天還著短褲，戇戇呆呆會受苦，自家
身體自家顧，心情係好贏食補。

註 三九天：冬至後連續三個第九天，是極冷的天氣；著
（zogˋ）：穿；戇（ngong）戇呆（deˇ）呆：傻乎乎；自
（gid）家（gaˊ）：自己；係（he）：如果

釋 三九天還穿短褲，憨憨呆呆自受苦，自己身體自己顧，
如果心情好身體自然好。

---

12. 三餐食得落，當過食補藥，山珍海味喉嗹
過，平安知足正快樂。

註 當（dong）過（go）：更勝於；喉（heuˇ）嗹（lienˇ）：
喉嚨；正（zang）：才

釋 三餐吃得下，勝過吃補藥，山珍海味只是從喉嚨過，平
安知足才是真快樂。

13. **三餐食飽有散步，胃腸消化有幫助，打拚事業身愛顧，身體壞忒全盤輸。**

註 壞忒（ted`）：壞掉

釋 三餐吃飽有散步，對胃腸消化有幫助，打拚事業身體也要照顧好，身體操壞了全盤皆輸。

14. **三餐毋好食忒鹹，閒談話多人會嫌，儉嘴正會延壽年，良言善語有人緣。**

註 毋（mˇ）好（ho`）：不要；忒（ted`）：太；儉（kiang）：節省、愛惜

釋 三餐口味不能吃太鹹，閒談話多會遭人嫌，節制飲食才會延年益壽，口說好話會得人緣。

15. **三餐飲食愛簡單，女人持家心愛善，好食毋過粗茶飯，好看毋過素打扮。**

註 毋（mˇ）過：不過

釋 三餐飲食要簡單，女人持家心地要善良，好吃不過粗茶飯，女人好看不過素打扮。

16. **凡事毋使想恁多，寒冬一去春就到，做事盡心莫過勞，健康一失項項無。**

註 毋（mˇ）使：不必；恁（an`）：那麼

釋 凡事不必想太多，要順其自然，寒冬一去春就到，做事盡心莫過勞，健康一失一場空。

17. 千金好又萬金好，毋當身體顧畀好，好嚌嘴
係照顧好，健健康康無煩惱。

> 註 毋（mˇ）當：不如；畀（biˋ）：給；嚌（saiˊ）：吃、
> 喝；係（he）：如果
>
> 釋 千金好又萬金好，不如身體照顧好，只要嘴巴能節制照
> 顧好，少吃就能健康沒煩惱。

18. 子孫滿堂歡樂多，毋當身邊老阿哥，錢多
身體也愛健，老來有伴一等好。

> 註 毋（mˇ）當：不如；老阿哥：老伴；一等好：真正好
>
> 釋 子孫滿堂歡樂多，不如身邊老伴好，錢多也要身體健，
> 老來有伴才是真正好。

19. 山上樹木直又長，哪條正好做棟樑，人生
道路險又長，做人忍讓莫爭強。

> 註 哪（nai）：那；正（zang）好：才好
>
> 釋 山上有許多樹木直又長，不知道那棵才能做棟樑，人生
> 道路是險又長，做人要忍讓不爭強。

20. 少食會有補，多食會變苦，青菜水果乜有
補，毋使豬肝炒豬肚。

> 註 乜（me）：也；毋（mˇ）使（siiˋ）：不必
>
> 釋 少吃對身體有益，吃多了會增加身體負擔，青菜水果也
> 有補，不必豬肝炒豬肚。

21. 日夜奔波爲了錢，生活哪項毋使錢，生理秤頭莫梟人，賺錢愛賺淨俐錢。

**註** 哪（nai）項（hong）：那樣；毋（mˇ）使：不必；生理：生意；梟（hieuˊ）人：騙人；淨（qiang）俐（li）：乾淨

**釋** 日夜奔波都是為了錢，生活那樣不必錢，做生意不用秤頭去騙人，賺錢要賺乾淨錢。

22. 日食三餐莫恁好，凡事用心莫過勞，貧窮富貴係因果，強求難有好結果。

**註** 恁（an`）：那麼；係（he）：是

**釋** 三餐飲食要有節制，凡事用心但勿過勞，貧窮富貴是因果，強求難有好結果。

23. 毋驚賺毋多，就驚走得早，後生身體毋顧好，老來一定多煩惱。

**註** 毋（mˇ）驚：不怕；後（heu）生（sangˊ）：年輕

**釋** 不怕錢賺不多，就怕死得太早，年輕身體不顧好，老來一定多煩惱。

24. 牛角緊尖會緊尖，人老話多人會嫌，老來體健心清閒，當過花開滿樹園。

**註** 尖（jiamˊ）：擠、窄；當（dong）過：勝過

**釋** 牛角越擠會越窄，人老話多人會嫌，老來體健心清閒，勝過滿園花樹開。

**25.** 立秋前後一場雨，農民看著心歡喜，梧桐落葉添涼意，秋風起愛顧身體。

註 立秋：國曆八月七日或八日，雨少，也是節氣由酷暑轉入秋涼的開始；看著（do`）：看到

釋 秋季雨少，如果立秋前後下一場雨，作物豐收可期，農民看了會生歡喜心，此時梧桐樹葉會慢慢掉落，氣溫也開始增添涼意，秋風起要好好照顧身體。

**26.** 各人養生各有步，毋好全全信網路，三餐飯後有散步，胃腸消化有幫助。

註 步（pu）：方法；毋（m ˇ）好：不必

釋 各人養生有各自的方法，不必全信網路自尋煩惱，三餐飯後有散步，對胃腸消化會有幫助。

**27.** 好話難出三人口，壞事可以傳千里，修心愛先修口起，話多容易惹是非。

釋 好事不出門，壞事傳千里，修心要從修口做起，話多容易惹是非。

**28.** 好漢做事好漢當，任事首要身體強，你係食有三斤薑，就會耐打又耐碰。

註 任（im）；係（he）：如果；碰（pong´）：用力捶打

釋 好漢做事好漢當，從事任何事首要就是要身體強。古人說：你如果吃有三斤薑，就會耐打又耐捶。

29.

早跣行路一等好，滿哪都係好場所，日長月久有運動，身體係好心情好。

**註** 跣（hong）：起；滿哪（nai）：到處；都係（he）：都是；係（he）好：如果好。

**釋** 早起走路運動非常好，到處都是好場所，日積月累有運動，身體好心情也就自然好。

30.

早暗神前一枝香，祈求平安又健康，做人心肝愛善良，前途事業會康莊。

**註** 心肝：心地；康（kang）莊（zong´）：平坦寬廣

**釋** 早晚神前一柱香，祈求大家平安又健康，做人心地要善良，前途事業必定會平順。

31.

朝晨跣床做運動，歸日身體感覺鬆，早跣三朝當一工，毋好睡到日頭紅。

**註** 朝（zeu´）晨（siin´）：早晨；跣（hong）床：起床；歸（gui´）日：整天；朝（zeu´）：上午；日（ngid`）頭（teuˇ）紅：太陽高掛

**釋** 早起運動身體自然感覺輕鬆，早起三朝等於多了一天的工作時間，如果睡到太陽高掛就難成功。

32.

百病有藥食，嫖賭無藥醫，烏心錢財敢貪取，老天毋會放過你。

**註** 毋（mˇ）：不

釋 百病都有藥治，只有嫖賭沒藥醫，黑心錢你敢昧著良心去貪取，老天不會放過你。

33. 百項病症有藥食，嫖賭兩項無藥醫，財會散盡身會敗，這個道理你愛知。

釋 百病都可治，惟獨嫖賭兩樣沒藥醫，財會散盡身會虛，這個道理你要知道。

34. 忍耐兩字愛記好，爭強鬥勝命難保，別人有過愛放過，有量有福少煩惱。

釋 忍耐兩字要記好，爭強鬥勝命難保，他人有過要放過，有量才有福就少煩惱。

35. 身體健康愛早跣，毋好恁好食雞髀，百樣頭路靠身體，就怕懶尸身又虛。

註 跣（hong）：起；毋（mˇ）好：不要；恁（anˋ）好：那麼喜歡；雞（gieˊ）髀（biˋ）：雞腿；懶（lanˊ）尸（siiˊ）：懶惰

釋 健康的身體要早起，不可貪吃高熱量的雞腿，身體是事業的基礎，就擔心懶惰身又虛。

36. 身體愛好心愛閒，閒事莫管順自然，他人鎖事由他去，少事正係清心丸。

註 正（zang）係（he）：才是

釋 身體要好先要有顆平靜的心，莫管閒事，一切順其自然，他人鎖事由他去，少事才是清心丸。

---

37. 事情驚冤愆，蚊仔驚火煙，三餐食雜莫恁好，少食正係好藥單。

註 冤（ian´）愆（kian´）：牽扯、困擾；食雜（cab）：飲食；恁（an`）：那麼；正（zang）係（he）：才是

釋 事情怕複雜牽扯，蚊子就怕火煙，三餐飲食要簡單，少吃才是好藥方。

---

38. 往日後生酒當茶，今日身體怪麼儕，怪上怪下怪自家，後悔已經變輸家。

註 往（vong´）日（ngid`）：從前；後（heu）生（sang´）：年輕；麼（ma`）儕（sa`）：什麼人

釋 從前年輕酒當茶，今日身體百病叢生能怪誰，要怪就要怪自己，如今後悔也已遲了。

---

39. 朋友交情感覺悿，這種路頭行毋遠，人生短短難百年，發譴容易折壽年。

註 悿（tiam`）：累；路頭（teu´）：路途；毋（m´）：不；發（fad`）譴（kien`）：生氣

釋 朋友交情感覺累，這種友情走不久遠，人生短短難百年，生氣容易折壽年。

---

40. 朋友相識係緣分，酒桌相請無議論，財上
分明能長久，生理買賣愛算分。

**註** 係（he）：是；無議論：不計較；愛（oi）算分：要明算
帳

**釋** 朋友相識是緣分，酒桌互請不計較，財上分明友誼才能
長久，但生意來往要明算帳。

---

41. 東家長又西家短，別人閒事莫去管，唆事
弄非又喉管，惡語傷人六月寒。

**註** 唆（so´）是（sii）弄（nung）非（fi´）：撥弄是非；喉
（heuˇ）管（gon`）；多話、愛管閒事

**釋** 東家長又西家短，別人閒事莫去管，撥弄是非又愛管閒
事，惡語傷人六月寒。

---

42. 空肚莫食酒，輒食命毋久，噩夜又好兩杯
酒，鐵打身體也難救。

**註** 輒（jiab）：經常；毋（mˇ）：不；噩（ngog）夜（ia）：
熬夜

**釋** 空腹別喝酒，常喝命不長，熬夜又好兩杯酒，鐵打身體
也難救。

---

43. 空腹食酒命毋長，子時毋睡傷肝腸，油油
漬漬莫多嚐，少食正會顧胃腸。

**註** 毋（mˇ）：不；油（iuˇ）油漬（ji）漬：油油膩膩；正
（zang）會：才會

---

釋 空腹喝酒會傷身減損壽命，子時不睡會傷肝腸，平日不貪吃油膩食物，少吃才能把胃腸顧好。

---

44. 金山好又銀山好，身體健康正係寶，財多名高多煩惱，健康一失項項無。

註 正（zang）係（he）：才是

釋 金山好又銀山好，身體健康才是寶，財多名高多煩惱，健康一失全般無。

---

45. 長命百歲人人想，養生方法百百樣，想來想去就兩項，少食多動身會強。

釋 長命百歲人人想，養生方法百百種，想來想去就兩項，少吃多動身會強。

---

46. 阿婆行路毋識人，全全壞在目珠仁，身體愛健毋輸人，早跂運動有精神。

註 毋（mˇ）：不；目（mugˋ）珠（zuˊ）仁（inˇ）：眼睛；跂（hong）：起

釋 阿婆走路不認人，原來要怪眼睛視力不好，如想體健不輸人，就要早起運動才會有精神。

---

47. 前朝官員興水利，農民耕作真便利，為官短短牟私利，老天目珠金利利。

註 牟（meuˇ）：以不正當的手段謀取私利；目（mugˋ）珠（zuˊ）：眼睛；金（gimˊ）利（li）利：銳利

**釋** 前朝官員懂得興建水利設施，農民耕作就便利，為官時間短，如僅謀私利，老天眼睛雪亮，善惡必有報，不得不慎！

---

48. 爲官先愛品德好，因果報應毋係無，一代貪官三代絕，這個警訊記得無。

**註** 毋（mˇ）係（he）：不是；無（moˇ）

**釋** 為官先要品德好，因果報應一定有，一代貪官絕三代，這個警訊記得嗎？

---

49. 秋風吹落葉，人老滿頭白，做人毋使多撇畫，平安知足過生活。

**註** 毋（mˇ）使：不必；撇（pied`）畫（vag）：囉嗦

**釋** 歲末秋風會吹落葉，人老也會滿頭白髮，都是自然理，做人不必太囉嗦，只要能平安知足就是最好的生活態度。

---

50. 食了五月粽，還有三日凍，春天面會時時變，自家身體愛保重。

**釋** 吃了五月粽，還有一些寒冷的天氣，氣候多變化，所以說春天面會時時變，自己身體要保重。

---

51. 食酒毋好好貪杯，酒醉容易惹是非，少食也會補身體，食壞身體藥難醫。

註 毋（m˘）好（ho˘）：不可

釋 喝酒不可好貪杯，酒醉容易惹是非，少喝也會補身體，喝壞身體藥難醫。

---

52. 食得多就病得多，食得好就死得早，飯食七分較堵好，少食健康無煩惱。

註 較（ka）堵（du˘）好：比較好

釋 吃得多就病得多，吃得好營養過剩就會死得早，吃飯七分飽較適中，少食才能健康無煩惱。

---

53. 烏雞嘛會生白卵，家家戶戶有長短，隱惡揚善積陰德，搬弄是非情會斷。

註 烏雞嘛（ma˘）：黑母雞

釋 黑母雞也會生出白色蛋，家家戶戶都有隱私有長短，隱惡揚善積陰德，搬弄是非情誼容易打斷。

---

54. 病時正知健係仙，窮時後悔無惜錢，凡事事先有預防，平安幸福樂連連。

註 正（zang）知：才知；係（he）：是

釋 病時才知健康是福，窮時才後悔當初不愛錢，凡事能未雨綢繆，就能過著平安幸福快樂連連的生活。

---

55. 神仙醫假病，真病愛人命，愛食百歲命，也愛自家做。

註 儆（kiang）：愛惜、節制
釋 神仙只會醫假病，真病要人命，要活百歲命，也要自己懂得節制愛惜身體。

56. 神仙醫假病，自家愛惜命，噩夜菸酒又無儆，早慢惹出一身病。

註 噩（ngog）夜（ia）：熬夜；儆（kiang）：節制
釋 神仙只能醫假病，身體要自己珍惜，熬夜菸酒又毫無節制，早晚就會惹出一身病。

57. 能食有食係福氣，飲食還係愛注意，三餐毋好忒油漬，三高上身就費氣。

註 係（he）：是；毋（m）好（ho）：不可；忒（ted）：太；油漬（ji）：油膩；費（fi）氣（hi）：麻煩
釋 能吃有吃是福氣，但飲食還是要注意，三餐不可吃得太油膩，三高上身就麻煩。

58. 草上露水瓦上霜，輒輒食醉命毋長，打拚事業身愛強，失德積財福難享。

註 輒（jiab）輒：經常；毋（m）：不
釋 草上露水和瓦上霜都不能長久，不顧身體經常喝醉的人命不長，打拚事業要有強健的身體，失德積財定難享福。

**59.** 好子毋使兩三句，好酒毋使食多杯，酒多容易傷身體，話多容易惹是非。

註 毋（mˇ）使（siiˋ）：不必

釋 好子不必多言，酒好不必貪多杯就能品出香醇味，酒喝多了容易傷身體，話多容易惹是非。

**60.** 酒係食多身會虛，久賭神仙會輸死，分外錢財莫貪取，安分守己樂無比。

註 係（he）：如果

釋 酒如喝多身會虛，久賭神仙也會輸死，分外錢財莫貪取，安分守己樂無比。

**61.** 酒醉正知酒力強，酒醒𠊎比酒較強，有朝一日肝受病，後悔已經近天堂。

註 正（zang）知：才知；𠊎（ngaiˇ）：我；較（ka）

釋 酒醉才知酒力強，酒醒又覺得自己比酒強，有朝一日肝疾傷身時，後悔又已近天堂了。

**62.** 高山流水遠又長，爺哀恩情比水長，養育之恩放兩旁，成功機會難久長。

註 爺（iaˇ）哀（oiˊ）：父母

釋 山高流水長，父母恩情比水長，如將養育之恩放兩旁，成功機會一定難持久。

**63.** 做人一定愛想長，放下愁慮心開揚，桂花一開滿樹香，心情快樂壽年長。

> 釋 做人一定要想得長遠，放下憂愁心開朗，桂花一開滿樹香，心情快樂的人壽命長。

**64.** 做人心肝就愛淨，修心就能造好命，煞猛本分來打拚，貧窮富貴倕个命。

> 註 淨（qiang）：乾淨；煞（sad`）猛（mang´）：勤奮；倕（ngaiˇ）：我；个（ge）：的
>
> 釋 做人心地要善良乾淨，能修心就能造好命，凡事要守本分又努力打拚，至於結果是貧窮富貴也全都是自己的命運了。

**65.** 做人驚話多，做事驚怕趖，霛夜菸酒又多食，一身病痛跈等多。

> 註 驚（giang´）怕（pa）：就怕；趖（soˇ）：慢吞吞；霛（ngog）夜（ia）：熬夜；跈（tenˇ）等：跟著
>
> 釋 做人怕話多，做事就怕慢吞吞無進度，熬夜菸酒又不節制，一身病痛會跟著多。

**66.** 做三年饑荒，餓毋死廚房，家人健康在灶下，年老莫食恁多糖。

> 註 灶（zo）下（ha´）：廚房；恁（an`）：那麼
>
> 釋 鬧了三年饑荒，也餓不死廚房的伙夫，家人的健康在廚房，年老就不能吃太多糖。

**67.** 常食蒜頭薑，養生又去傷，大食大啉傷肝腸，少食正係好藥方。

註 啉（lim´）：喝；正（zang）係（he）：才是

釋 常吃蒜頭薑，養生又卻傷，大吃大喝會傷肝腸，少吃才是養身的好藥方。

**68.** 強酒落肚頭昏昏，酒醉添杯也難吞，凡事自家堪身份，逞強定無好結論。

註 堪（kam´）；評估

釋 烈酒下肚頭昏昏，酒醉添杯也難吞，凡事要先評估自身能耐，逞強不會有好結果。

**69.** 現代社會競爭強，養兒防老莫妄想，後生時節愛自強，留兜老本較妥當。

註 妄（nong）想（xiong`）：不切實際的幻想；後（heu）生（sang´）：年輕；留兜（deu´）：留些；較（ka）

釋 現代社會競爭激烈，別再奢望有養兒防老不切實際的幻想，年輕時候要自立自強，留些老本比較妥當。

**70.** 瓠仔老了好做杓，菜瓜老了好洗鑊，後生打拚無毋著，老來體健享安樂。

註 瓠（pu˘）仔（e`）：瓠瓜；老了（le´）；杓（sog）：舀東西的器具；鑊（vog）：鍋子；後（heu）生（sang´）：年輕；無（mo˘）毋（m˘）著（cog）：正確無誤

釋 瓠瓜老了可以鋸開當舀水的器具，菜瓜老了可以當菜瓜

布洗鍋，年輕時努力打拚不會錯，老來體健才能享安樂生活。

---

71. 富貴係能輒輒有，河水也會倒退流，積德命中自會有，缺德煞猛也難求。

註 係（he）：如果；輒（jiab）輒：經常；煞（sad`）猛（mang´）：勤奮

釋 富貴如能時常有，河水也會倒退流，積德命中自會有，缺德努力也難求。

---

72. 朝晨䟗床愛清腸，三餐飲食愛正常，大食大啉傷身體，少食正係好藥方。

註 朝（zeu´）晨（siin´）：早晨；䟗（hong）床：起床；啉（lim´）：喝；正（zang）係（he）：才是

釋 早晨起床要上廁所清理腸中穢物，三餐飲食要正常，大吃大喝傷身體，少吃才是保健的好藥方。

---

73. 湖蜞毋會齧凳腳，雞嫲蟲也毋咬書，天生天養有功夫，閒事莫管多讀書。

註 湖（fuˇ）蜞（kiˇ）：水蛭；齧（ngad`）：咬；嫲（maˇ）：雌性；雞嫲蟲：甲蟲的幼蟲；毋（mˇ）：不

釋 水蛭不會咬凳腳，雞母蟲也不會咬書本，萬物都有求生本能，而人平時不多管閒事要多讀書。

**74.** 無錢難出門，無衫難出眾，後生你係毋運動，老來難免一身痛。

註 後（heu）生（sang'）：年輕；係（he）：如果；毋（m˘）：不

釋 功利社會沒錢萬萬不能，因此有沒錢難出門及無衫難出眾的一般的共識。年輕的你如果不運動，老來難免會一身病痛。

**75.** 煮飯愛有米，做人愛講理，愛嫖愛賭身會敗，少食多動顧身體。

釋 煮飯要有米，做人要講理，愛嫖愛賭身會虛，少吃多動才能顧好身體。

**76.** 菸酒檳榔係毋儆，早慢惹著一身病，後生時節項項好，未老先衰得人驚。

註 係（he）：如果；毋（m˘）儆（kiang）：不加節制；惹（ngia'）著（do`）：惹到；後（heu）生（sang'）：年輕

釋 平日菸酒檳榔不加節制，早晚會惹上一身病，年青時不良嗜好來者不拒，未老先衰的後果令人擔憂。

**77.** 鄉間朝晨空氣好，早䟘運動精神好，年年歲歲人會老，老來體健正係寶。

註 朝（zeu'）晨（siin˘）：早上；䟘（hong）：起床；年（ngiau˘）年歲（soi）歲：年復一年；正（zang）係（he）：才是

釋 鄉間晨間空氣好，早起運動精神好，日復一年人會老，
老來體健才是寶。

---

78. 開車愛看紅綠燈，有病愛去看醫生，打拚
事業身愛顧，毋好日日醉仙仙。

註 毋（m）好：不要
釋 開車要看紅綠燈，有病要去看醫生，打拚事業也要顧好
身體，不要天天喝到醉茫茫。

---

79. 飯食忒飽胃難過，話講忒多會惹禍，少食
少啉腸胃好，話好一定贏話多。

註 忒（ted）：太；啉（lim）：喝
釋 飯吃太飽胃難過，話說太多會惹禍，節制飲食腸胃好，
話好一定贏話多。

---

80. 想愛身體好，毋好食恁好，大魚大肉得三
高，毋當青菜同水果。

註 恁（an）好（ho）：那麼好；毋（m）好（ho）：不
要；毋（m）當：不如；同：和
釋 想要身體好，不可吃太好，大魚大肉容易得三高，不如
多吃青菜和水果。

---

81. 暗晡毋好食曬茶，保養身體靠自家，使錢
也莫準泥沙，知足毋使求別儕。

---

註 暗（am）晡（bu'）：晚上；毋（m'）好：不要；釅（ngiam'）茶：濃茶；毋（m'）使（sii`）：不必；別儕（sa'）：別人

釋 晚上不要喝濃茶，保養身體靠自己，用錢也別當泥沙般揮霍，能知足就不必求於人。

---

82. 煩惱人易老，發譴會傷腦，不如意事隨風過，心情係好身體好。

註 發（fad`）譴（kien`）：生氣；係（he）：如果

釋 煩惱人快老，生氣會傷腦，不如意事隨風過，如果心情好身體自然好。

---

83. 榮華富貴三更夢，守等大樹有樵燒，是非恩怨結心頭，何時雲開見日頭。

註 樵（ceu'）：當燃料的木材

釋 榮華富貴總如三更夢，短暫而虛幻不實，守著大樹最終會有柴燒，堅持就能成功。是非恩怨如果鬱結心頭，何時才能撥雲見日心開朗。

---

84. 窮巷莫逐狗，毋會咬一口，得理讓人莫好鬥，自少煩惱入心頭。

註 逐（giug`）：追趕；毋（m'）：不

釋 死巷不追狗，才不會被反咬一口，得理也要讓人莫好鬥，自少煩惱入心頭。

**85.** 養身方法一等多，毋使項項跈等做，早䟘運動身體好，少食知足無煩惱。

> **註** 一等（den`）多：有許多；毋（m）使（sii`）：不必；
> 跈（ten）等（den`）：跟著；䟘（hong）：起
>
> **釋** 網路教人養生的方法有許多，其實也不須樣樣照著做，只要每天早起運動身體自然好，能夠少吃又知足就沒煩惱。

**86.** 樹園有樹鳥來歇，國庫有錢有人挖，冤家宜解不宜結，記仇記恨心會闄。

> **註** 歇（hiad`）：住、休息；挖（iad`）；闄（ad`）：鬱悶
>
> **釋** 樹園有樹鳥會來築巢休息，國庫有錢就會有人想辦法挖走，冤家宜解不宜結，記仇記恨的人心會鬱悶不開朗。

**87.** 橋下浸死人，橋上照行人，管好自家心同嘴，多管閒事惹事情。

> **註** 浸（jim）：淹
>
> **釋** 橋下淹死人，橋上照走人，管好自己心和嘴，多管閒事會惹事情。

**88.** 褲袋賺有錢歸兜，日夜共樣有好愁，三餐你係嘴毋儆，三高上身有好愁。

> **註** 錢歸（gui´）兜（deu）：許多錢；共（kiung）樣（iong）：一樣；係（he）：如果；儆（kiang）：節制

**釋** 口袋賺得錢多多，日夜同樣有得愁，三餐飲食不節制，三高上身有得愁。

---

89. 隨緣度日心情好，三餐毋使食恁好，山珍海味喉嗹過，少食多動身體好。

**註** 毋（mˇ）使（siiˋ）：不必；恁（anˋ）：那麼；喉（heuˇ）嗹（lienˇ）：喉嚨

**釋** 隨緣度日不強求心情一定好，三餐不必吃太好，山珍海味也只是借喉嚨過，少吃多動身體自然好。

---

90. 講話讓一句，就免傷和氣，話出口前愛注意，利口傷人就費氣。

**註** 費（fi）氣（hi）：麻煩

**釋** 講話禮讓對方一句，就免傷和氣，話出口前要注意，利口傷人就麻煩。

---

91. 歸日勞心又勞苦，暗晡睡目像食補，噩夜毋睡又愛賭，鐵打身體會生鹵。

**註** 歸（guiˊ）日（ngid）：整天；暗（am）晡（buˊ）：晚上；睡（soi）目（mugˋ）：睡覺；噩（ngog）夜（ia）：熬夜；生（sangˊ）鹵（luˊ）：生鏽

**釋** 整天勞心又勞力，晚上睡個好覺就像吃補一樣對身體有莫大助益，如果經常熬夜又愛賭，鐵打的身體也會生鏽損壞。

92. 禮尚往來係常情，英雄見慣也常人，出外
愛曉相尊敬，無大無細出事情。

註 係（he）：是；細（se）：小；無大無細：舉止輕浮

釋 禮尚往來是常情，英雄見慣也會變成常人，出外要知道
尊敬人，舉止輕浮就容易出事情。

93. 露水泡茶難得嚐，大食大啉傷肝腸，少食
正會顧胃腸，胃腸係好身體強。

註 啉（lim´）：喝；正（zang）：才；係（he）：如果

釋 露水蒐集不易泡茶更難得嚐，大吃大喝會傷肝腸，少吃
才會顧胃腸，胃腸好身體一定強健。

第六篇
現實與社會

01. 一好就會有一壞，雙好一定難共排，腳好
母使著繡鞋，心好母使食長齋。

註 共（kiung）排：同時出現；母（mˇ）使：不必

釋 有一好就會有一壞相對應，好事難成雙，腳好不必穿繡
鞋，心好不必吃長齋。

02. 一年算有三擺命，無病也會算出病，信命
母肯去打拚，到尾一定輸淨淨。

註 擺（baiˋ）：次；母（mˇ）：不；到尾（miˊ）：最終；
淨（qiang）：乾淨

釋 一年算有三次命，沒病也會算出病，如果一昧相信命運
不肯打拚，最終一定輸得慘兮兮。

03. 一枝草有一點露，老天公平來照顧，自家
前途自家顧，母好貪心行歪路。

註 母（mˇ）好：不可

釋 一枝草有一點露，老天會公平來照顧，自己前途要自己
顧，不可貪心走歪路。

04. 一陣秋雨一陣冷，人到暮年莫再爭，金山
銀山帶母去，四角封釘留名聲。

註 四角封釘：人往生放入棺木時四個角落要封釘

釋 一陣秋雨一陣冷，人到晚年別再爭，金山銀山帶不去，
往生留點好名聲。

05. 一條蘿蔔一個空，一個婆配一個公，凡事
天公有定論，強求難有好結論。

> 釋 一條蘿蔔一個洞，一個婆配一个公，凡事老天公自有安
> 排，強求難有好果。

06. 一粒籃球大家搶，有食愛分大家享，有利
就知顧自家，這種想法無高尚。

> 註 分（bun´）：給
> 釋 打籃球是一粒球大家搶，但有吃要與大家共享，如果有
> 利就知顧自己，這種想法不高尚。

07. 一朝天子一朝臣，愛用良心做事情，衙門
正係修行地，違法報應一定靈。

> 註 朝（ceuˇ）正（zang）係（he）：才是
> 釋 一朝天子一朝臣，倖得高位要用良心做事情，衙門才是
> 修行地，違法的報應一定靈。

08. 一勤天下無難事，百忍堂中有太和，安分
守己無煩惱，閒談是非會惹禍。

> 釋 一勤天下無難事，家中只要能相互忍讓就能平安無事。
> 安分守己無煩惱，閒談他人是非會惹禍。

09. 一嫖二賭褲袋空，一勤二儉會成功，好食
懶做毋停動，金山銀山也會空。

註 毋（mˇ）停（tinˊ）動（tungˊ）：不勞動

釋 一嫖二賭口袋空，一勤二儉會成功，好吃懶做不勞動，
金山銀山也會坐吃山空。

---

10. 人心難測水難量，做人一定愛自強，小小
方便人毋放，怨佢罵佢又何妨。

註 毋（mˇ）：不；佢（iˇ）：他

釋 人心難測水難量，做人一定要自強，小小方便人不給，
怨他罵他又有何益。

---

11. 人生短短似來遊，心愛開揚莫積愁，一壺
難裝兩樣酒，放下悲喜樂悠悠。

釋 人生短短似來遊，心要開朗莫積愁，一壺難裝兩樣酒，
放下悲喜樂悠悠。

---

12. 人生路途全係債，親情友情金錢債，係能
煞猛又忍耐，無求生活定自在。

註 係（he）：是、如果；煞（sad`）猛（mangˊ）：勤奮

釋 人生路途全是債，親情友情金錢債，如能勤奮又能忍，
無求生活必定安然自在。

---

13. 人生路頭長，做人要想長，爭名爭利爭高
強，到尾難有好下場。

註 到尾（miˊ）：最終

---

> 釋 人生路途遠，做人要有長遠思考，一味的爭名爭利爭高
> 強，最終難會有好下場。

---

14. 人死肉會臭，貪多名聲臭，後生煞猛身愛
   顧，留有青山好享受。

> 註 後（heu）生（sang´）：年輕；煞（sad`）猛（mang´）：
> 努力
>
> 釋 人死肉會臭，貪多名聲臭，年輕時努力工作也要愛惜身
> 體，留有青山好享受。

---

15. 人老話多目會花，樹大根多會杈椏，凡事
   就愛順天意，逆天行為害自家。

> 註 杈（ca）椏（a´）：分枝
>
> 釋 人老話多眼會花，樹大根多會分枝，凡事就要順天意，
> 逆天行為會危害到自己。

---

16. 人係好賭變無情，父子輸贏都愛清，金盆
   洗手遠離賭，堂堂正正做好人。

> 註 係（he）：如果
>
> 釋 人如果沈迷賭博就會變得無情，父子輸贏都要清算，要
> 金盆洗手遠離賭，堂堂正正做好人。

---

17. 人係有錢有形象，貧窮出門四不像，針頭
   削鐵錢難賺，煞猛愛曉存餘糧。

註 係（he）：如果；四不像：麋鹿，頭似馬，角似鹿，頸似
駱駝，尾似驢，比喻不倫不類；煞（sad`）猛（mang´）：
勤奮

釋 金錢掛帥的社會，人有錢就有形象，貧窮出門就四不
像，針頭削鐵錢難賺，做人除了勤奮還要有儲蓄存糧的
觀念。

---

18.  人愛幫你係恩情，人毋幫你係常情，他人
也有他事情，知恩圖報一等人。

註 係（he）：是；毋（mˇ）：不

釋 人要幫你是恩情，人不幫你是常情，他人也有自己的事
情，能知恩圖報才是第一等人。

---

19.  人靚毋當命底靚，跛腳也會嫁先生，毋愁
出生窮人家，就愁懶尸毋肯拚。

註 靚（jiang´）：美；毋（mˇ）當（dong）：不如；命
（miang）底（dai`）：先天注定的命運；跛（bai´）腳
（giog`）；先（xin´）生（sang´）：老師、醫生；懶
（lan´）尸（sii´）：懶惰；毋（mˇ）：不

釋 人漂亮不如先天注定的命底好，跛腳小姐也會嫁醫生，
不愁出生窮人家，就愁懶惰不肯拚。

---

20.  三分落土七分管，只種不管空飯碗，百項
頭路也共樣，想愛出頭藝愛專。

註 共（kiung）樣（iong）：一樣

釋 農作物三分落土要七分管，只種不管會空飯碗，所有工
　作都一樣，想要出頭藝要專。

---

21. 三月燕仔南方來，雙雙對對分毋開，燕嫲
　　孵子公絡食，恩恩愛愛傳後代。

註 毋（mˇ）：不；燕嫲（maˇ）：母燕；孵（pu）子：孵小
　燕；絡（log`）食：覓食
釋 農曆三月是燕子由南北飛來築巢時節，雙雙對對分不
　開，母燕孵蛋公燕負責覓食，恩恩愛愛傳宗接代。

---

22. 三兩人講四斤話，缺嘴又愛歕喇叭，別人
　　毋係若阿爸，毋堪身分鬧笑話。

註 缺嘴：兔脣；歕（punˇ）：吹；毋（mˇ）係（he）：不
　是；若（ngiaˊ）：你的；毋（mˇ）堪（kamˊ）；不思考
釋 份量不足的人講超過身分的話，兔脣又愛吹喇叭，兩者
　都不自量力，別人不是你父親會原諒你的不是，做事不
　考量自己身分會鬧笑話。

---

23. 上山彎腰撿有樵，男人煞猛莫去嫖，橋墩
　　無穩橋會搖，子弟變樣有好愁。

註 樵（ceuˇ）：柴；煞（sad`）猛（mangˊ）：勤奮
釋 上山彎腰才撿有柴，男人要勤奮莫去嫖，橋墩不穩橋會
　搖，子弟變壞就有得愁。

24. 上臺演講無恁該，可比上京考秀才，詩書滿腹無口才，心肝愽愽想下臺。

註 無（mo´）恁（an`）該：沒那麼容易；愽（bog）愽：快速跳動

釋 上臺演講不容易，可比上京考秀才，詩書滿腹沒口才，上臺就會緊張想下臺。

25. 大空漏水漏毋長，細水慢慢漏燥塘，草竇冬瓜慢慢大，積德行善壽年長。

註 空（kung´）：孔洞；毋（m˘）：不；細（se）：小；燥（zau´）：乾；草竇（deu`）：草叢

釋 大孔洞漏水易被發覺，所以漏不長久，小孔細漏會漏乾塘，草裡冬瓜會慢慢大，積德行善的人享壽長。

26. 大風大雨禽鳥悲，面帶和氣人歡喜，不孝拜神有何益，積德自然天會知。

釋 大風大雨禽鳥悲，面帶和氣人歡喜，不孝拜神有何益，積德自然天會知。

27. 小人得志貪官多，搣到社會烏疏疏，係無回頭來改過，報應遲早毋係無。

註 搣（mied`）到（do）：搞到；烏疏（so´）疏：喻亂七八糟；係（he）：如果；毋（m˘）係（he）：不是

釋 小人得志貪官必多，搞到社會亂七八糟，如不回頭改過，報應是遲早的事，千萬別輕忽。

28. 山坑有蝦公，人間有米蟲，嚐飽閒閒毋停動，食飯愛擎大碗公。

註 坑（hang´）：兩山間的凹陷處；嚐（sai´）：吃；毋（mˇ）停（tin´）動（tang´）：不做事；擎（kiaˇ）：拿

釋 山坑溪裡有暇子，人間也有好吃懶做的米蟲，吃飽遊手好閒不做事，吃飯又拿大碗公。

29. 工人貪個頭家錢，頭家貪個工人力，將心比心享互利，事業發展會順利。

註 個（ge）：的

釋 工人貪的是老闆的工資，老闆貪的是工人的勞力，老闆如能將心比心分享利潤，事業發展必定順利。

30. 井肚無風仰恁涼，桂花無風仰恁香，有錢毋使好衣裳，出外共樣會吃香。

註 仰（ngiong`）：怎麼；恁（an`）：那麼；毋（mˇ）使（sii`）：不必；共（kiung）樣（iong）：一樣

釋 井裡無風怎麼那麼涼，桂花無風怎麼那麼香，有錢人家不需要太講究衣著裝扮，出門一樣會吃香。

31. 公家頭路真合算，做工賺食一身汗，各行各業愛自強，前途自家愛打算。

註 頭（teuˇ）路（lu）：職業、工作

釋 吃公家飯真划算，不用日曬雨淋，做工賺錢一身汗，各行各業要自強，各人前途要各自打算。

**32.** 公寓大廈屋層起，方位地理人造起，怪上怪下怪自己，好好壞壞莫去比。

釋 公寓大廈的房子層層疊起，居家的方位地理也因個人修為有所差異，怪上怪下要怪自己，好壞別去和人比。

**33.** 六月天時熱難當，惡語傷人六月寒，凡事毋好強做主，相互尊重心會安。

註 天時：天氣；同人：和人；毋（mˇ）好：不可

釋 農曆六月天氣熱難當，惡語傷人六月寒，凡事不可強做主，要相互尊重，結果不論成敗都心安理得。

**34.** 冇穀打無好米，會講講毋過理，做事野蠻強變詏，一定分人看毋起。

註 冇（pang）：空虛、不精實；野（iaˊ）蠻（manˇ）：蠻橫不講理；毋（mˇ）：不；詏（au）：爭辯；分（bunˊ）人：讓人

釋 不精實的穀子打不出好米，嘴會講也講不過理，做事蠻橫不講理，一定讓人瞧不起。

**35.** 分人食傳名聲，自家食屯屎盎，貪心無人敢行兼，有事只有自家擔。

註 分（bunˊ）給；屯（tunˇ）屎（siiˋ）盎（angˊ）：填糞坑；行（hangˇ）兼（giamˊ）：靠近

釋 東西與人分享會博得好名聲，自己獨吞只是填糞坑，貪心的人沒人敢靠近，有事只有自己承擔。

**36.** 天旱無神靈，人窮無六親，煞猛做事莫攀親，人間難還係人情。

> 註 六親：指父、母、妻、子、兒、女，亦泛指最親的親人；煞（sad`）猛（mang´）：勤奮；還（van˘）；係（he）：是
>
> 釋 天旱時節，求神祈雨多不靈驗，就像人窮苦時，求親也無助，只要努力做事莫攀親，才能擺脫困境，要知道人間最難還的是人情債。

**37.** 天災地變真難防，心存善念會少傷，做人愛有好心腸，住家就係好屋場。

> 註 係（he）：是；屋（vug`）場（cong˘）：房屋的地理環境
>
> 釋 天災地變難以預防，心存善念的人自然會受到老天的眷顧，也會減少傷害。做人要有好心地，住家就是好的地理環境。

**38.** 天晴防落雨，冇穀打無米，成功就愛有準備，係無準備失機會。

> 註 冇（pang）：空虛不精實；係（he）：如果
>
> 釋 晴天要有防未雨綢繆的心理準備，不精實的稻穀打不出米，凡事都要有先期準備，如不準備就容易失去成功的機會。

**39.** 天響一雷滿哪響，雞公毋啼天乜光，凡事盡力莫勉強，桂花一開滿樹香。

註 滿哪（nai）：到處；毋（m‵）：不；乜（me）：也

釋 天落一雷到處可聽見聲響，公雞不啼天也會亮，凡事盡
力莫強求，桂花一開自然滿樹飄香。

---

40. 少年時節愛讀書，詩書滿腹毋會輸，後生
浪蕩圖享受，老死無人捧香爐。

註 腹（bug‵）；毋（m‵）：不；後（heu）生（sang′）：年
輕；浪（long）蕩（tong）：放蕩

釋 少年時要讀書，詩書滿腹會有所得，年輕時放蕩圖享
受，老死無依就沒人捧香爐。

---

41. 心比牛肺大，做事驚失敗，拈燒怕冷心毋
定，成功機會難等待。

註 拈（ngiam′）燒怕冷（lang′）：畏畏縮縮；毋（m‵）：不

釋 野心比牛肺大，做事又怕失敗，做事畏畏縮縮心不定，
就難有成功機會。

---

42. 心量寬一尺，路就寬一丈，人生道路險又
長，尊重他人係良方。

註 係（he）：是

釋 心量寬一尺，路就寬一丈，正所謂心寬路廣。人生道路
險又長，尊重他人是良方。

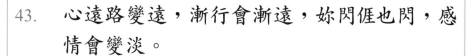 

**43.** 心遠路變遠，漸行會漸遠，妳閃𠊎也閃，感情會變淡。

註 𠊎（ngaiˇ）：我

釋 愛情和友情都一樣，心遠了彼此間的距離就會漸行漸遠，妳閃我也閃，感情就會逐漸變淡。

**44.** 日日有酒又有肉，毋當公婆能和睦，暗晡睡目贏食肉，一夜無睡難補足。

註 毋（mˇ）當：不如；暗晡（buˊ）：晚上；睡目：睡覺

釋 天天有酒又有肉，不如夫妻能和睦相處，夜裡好眠勝過吃肉，一夜不睡就難以補足。

**45.** 日出日落有循環，時間匆匆不復返，後生懶尸圖享受，老來生活就艱難。

註 後（heu）生（sangˊ）：年輕；懶（lanˊ）尸（siiˊ）：懶惰

釋 日出日落循環不息，但時間匆匆不復返，年輕時懶惰圖享受，老來生活就艱難。

**46.** 日出東山落西山，善惡報應有循環，烏心錢財輒輒貪袋，做若子孫就悽慘。

註 輒（jiab）輒：經常；若（ngiaˊ）：你的

釋 日出東山落西山，善惡報應有循環，不斷貪圖不義之財，做你子孫會得到悽慘的報應。

47. 日落西山會東升，窮人上進會翻身，有孝
母使敬遠神，有志母愁窮兼身。

註 母（mˇ）：不；母使：不必；兼（giamˊ）：近

釋 日落西山還會東升，窮人努力會翻身，孝順不必走他鄉
敬遠神，有志不愁窮近身。

48. 月光無火仰恁光，井肚無風仰恁涼，老妹
生來觀音樣，阿哥看著心慌慌。

註 月光：月亮；仰（ngiong`）：怎麼；恁（an`）：那麼；
著（do`）

釋 月亮沒火怎麼那麼亮，井裡沒風怎麼那麼涼，小姐生來
像觀音般的美，阿哥看到心會慌。

49. 母壁又壞癖，憑著像火爁，溫和正會得人
惜，頭路緊做會緊闊。

註 壁（biag`）：能幹；癖（piag`）：脾氣；憑（ben）著
（do`）：靠到；像火爁（nad`）：被火灼傷；頭（teuˇ）
路（lu）：工作、事業；闊（fad`）：寬敞

釋 能力差又壞脾氣，碰到的人就像被火灼傷般的不舒服，
個性溫和才會得人憐惜，事業也會越做越順利。

50. 母驚七月半个鬼，就驚七月半个水，行善
積德享富貴，夜路行多會堵鬼。

註 母（mˇ）：不；个（ge）：的；堵（duˇ）：碰到

**釋** 不怕七月半的鬼，就怕七月半的大水，行善積德才能享富貴，夜路走多了就會碰到鬼。

---

**51.** 水流溝底全無心，飛雲入洞非有意，凡事隨緣順天意，強摘瓜仔無甜味。

**釋** 水流溝底全無心，飛雲入洞也非有意，凡事隨緣順天意，強摘的瓜無甜味。

---

**52.** 世人日日有好愁，雷公也怕出日頭，煩惱就像大石牯，砸到心頭無氣敨。

**註** 石（sag）牯（gu`）：石頭；砸（zag`）：壓；氣敨（teu`）：呼吸

**釋** 世人天天有憂愁，雷公也怕出太陽，煩惱就像大石頭，壓著心頭喘不過氣來。

---

**53.** 世間最苦係黃連，人間最苦係無錢，黃連做藥有價值，窮人受苦無人憐。

**註** 苦（fu`）係（he）：如果

**釋** 世間最苦食物是黃蓮，人間最苦是沒錢，黃蓮做藥還有價值，人窮受苦就沒人憐了。

---

**54.** 主政就像上戰場，兵馬吂行先有糧，前無糧草兵馬散，這種政權難久長。

**註** 吂（mang）：末

釋 主政就像上戰場，兵馬未行要糧先行，前無充足的糧草補給，兵馬將因而敗戰潰散，這種政權難久長。

---

55. 功利社會錢做人，先看衣裳再看人，有錢深山有人尋，無錢鬧市無人憐。

註 尋（qim）：找

釋 功利社會錢做人，先看衣裳再看人，有錢深山有人找，沒錢鬧市無人憐。

---

56. 包仔好食不在摺，家庭愛和愛鬥搭，別人閒事莫去搭，遠離是非好辦法。

註 摺（zab`）；搭（dab`）；理會；鬥（deu）搭（dab`）：合作、幫忙

釋 包子好吃不在摺上，家庭和睦必須家人要互相幫忙，別去理會別人閒事，這是遠離是非的好辦法。

---

57. 臺東池上米飯香，山明水秀好地方，鐵路便當生理旺，伯朗大道助觀光。

釋 臺東池上的米飯香，山明水秀好地方，鐵路便當生理旺，伯朗大道助觀光。

---

58. 市場行情多變化，神仙難料五穀價，偷斤減兩有花假，信用破產害自家。

註 花（fa´）假（ga`）：虛假

釋 市場行情價格多變化，神仙也難料五穀價，偷斤減兩有
　　虛假，信用破產會害自己。

---

59. 平常上班就好混，公司裁員有若份，做人
　　做事守本分，好壞莫同人議論。

註 若（ngia´）：你的；同：和
釋 平常上班就好混，公司裁員有你份，做人做事守本分，
　　好壞別和人爭論。

---

60. 打扮化妝佢盡會，喊佢做事抨鍋蓋，上街
　　賣面人過嘴，守好婦道正應該。

註 佢（iˇ）：她；盡（qin）：非常；抨（biang´）：摔；賣
　　面：拋頭露面；過嘴（zoi）：說閒話；正（zang）：才
釋 打扮化妝她很內行，叫她做事就生氣摔鍋蓋，經常上街
　　拋頭露面會讓人說閒話，遵守婦道才是正途。

---

61. 打拳頭愛日日練，三日毋練人看現，登山
　　也愛煞猛箭，登上山頂光明現。

註 毋（mˇ）：不；煞（sad`）猛（mang´）：勤奮；箭
　　（jien）：用腳底撐
釋 拳要日日練，三日不練別人就會發現，登山也要用腳用
　　力踩踏，登上山頂視野開闊，就會呈現一片光明遠景。

---

62. 生理秤頭莫梟人，信用傳揚會留人，人客
　　多有貪小利，嫌貨正係買貨人。

註 生（sen´）理（li´）：生意；秤（ciin´）頭（teu´）：秤
砣；梟（hieu）：欺騙；人（ngiu´）客（hag`）：客人；
正（zang）係（he）：才是

釋 做生意不要在秤頭上動手腳騙人，只要信用傳揚出去就
會留住客人，客人多有貪小便宜的念頭，會嫌貨的才是
買貨人。

---

63. 生理買賣愛公平，頭頂三尺有神明，莫用
秤頭去梟人，信用正係賺錢人。

註 生（sen´）理（li´）：生意；頭（teu´）頂（dang`）：頭
上；秤（ciin）頭（teu´）：秤砣；梟（hieu´）：欺騙；
正（zang）係（he）：才是

釋 生意買賣要公平，舉頭三尺有神明，莫用秤頭去騙人，
懂得講求信用才是會賺錢的人。

---

64. 田中禾仔青又靚，官員敢知倕心聲，豐收價
錢賤如屎，犁來肥田面轉青。

註 禾（vo´）仔（e`）：稻子；靚（jiang´）：漂亮；倕
（ngai´）：我

釋 田中稻子長得青翠漂亮，高高在上的官員可瞭解農民的
心聲，農作豐收價錢賤如屎，犁當肥料臉發青。

---

65. 立法多有違法人，年金愛刪刪別人，自家
無減一角銀，這種官員難服人。

註 一角（gog`）銀（ngiun´）：一毛錢

---

釋 立法的有許多是帶頭違法的人，年金要刪刪別人，自己沒減一毛錢，這種官員難服人。

---

**66.** 吂去朝天子，先來拜相公，事有先後莫亂撞，成事不足敗有伸。

註 吂（mang ˇ）：末；衝（cung ´）：撞；伸（cun ´）：餘

釋 末朝見天子之前，要先拜見相公安排，事有先後不可胡亂撞，莽撞會成事不足敗事有餘。

---

**67.** 吂學賺錢先學省，貧窮富貴總在天，後生浪蕩毋貯錢，老來生活就可憐。

註 吂（mang ˇ）：末；後（heu）生（sang ´）：年輕；浪（long）蕩（tong）：行為不檢點；毋（m ˇ）：不；貯（du ˋ）錢：存錢

釋 末學賺錢先要學節省，貧窮富貴總在天，年輕時浪蕩不存錢，老來生活就可憐。

---

**68.** 食人一粒卵，恩情唸毋斷，有錢就愛多施捨，梟人騙人心難安。

註 毋（m ˇ）：不；梟（hieu ´）：騙

釋 吃人一粒蛋，恩情唸不斷，有錢就要多施捨，欺騙他人心難安。

---

**69.** 各人命運無相同，天生我才必有用，有人睡到頭那扁，倕愛煞猛愛用功。

註 我（ngoˊ）；頭（teuˇ）那（naˇ）：頭部；𠊎（ngaiˇ）：
　我；煞（sadˋ）猛（mangˊ）：勤奮

釋 各人命運不相同，天生我才必有用，有人命好可睡到頭
　壓扁，我為了溫飽要努力工作要用功。

---

70. 地有南北同西東，人生短短在其中，有緣
　　南北會相逢，係無相惜一場空。

註 同：和；係（he）：如果

釋 地有南北和東西，人生短短在其中，有緣南北會相逢，
　如不相互疼惜，友情將是一場空。

---

71. 好子毋使多言語，神靈毋使香多支，毋知
　　就莫做假會，假知容易出問題。

註 毋（mˇ）使：不必

釋 好子弟不必多言語，神靈驗也不必多燒香，不知為不知
　是知也，裝懂容易出問題。

---

72. 好事壞事隨風過，別人有錯愛放過，做事
　　之前計畫好，成功機會比人多。

釋 好事壞事都已成過去，要隨風而逝，別人有錯要放過，
　做事之前有計畫好，成功機會就會比人多。

---

73. 好花難得同時開，好事也難共下來，凡事
　　隨緣心會靜，強求容易遭災來。

---

註 共（kiung）下（ha）：一起

釋 好花難得同時開，好事也難一起來，凡事隨緣心會平靜，強求容易遭致災害。

---

74. 好香毋使點多支，食酒毋好多貪杯，凡事就愛曉忍讓，心善自然天會知。

註 毋（mˇ）好：不可

釋 好香不必點多支，喝酒不要多貪杯，凡事要懂得忍讓，心善自然天會知。

---

75. 好話一句值千金，唆是弄非失人心，話出口前多思考，話多一定得罪人。

註 值（dad）；唆（soˊ）是（sii）弄（nung）非（fiˊ）：撥弄是非

釋 好話一句值千金，撥弄是非會失去他人對你的信心，話出口前多思考，話多一定得罪人。

---

76. 好鎖頭也愛關門，好人才愛放對位，用人惟才目愛利，就愁德不能配位。

釋 有了好鎖頭晚間也要關門，好人才要放對位，用人惟才必須眼光銳利，就愁德不配位會誤事。

---

77. 成功時節真風光，落魄兄弟走光光，有錢毋使靚打扮，無錢也莫假大方。

註 走（zeu`）：跑；毋（mˇ）使：不必；靚（jiangˊ）：美
釋 成功時候真風光，落魄時兄弟跑光光，有錢不必新衣
　 裝，沒錢也別裝大方。

---

78. 有山無水難成景，有酒無友難歡心，人生
　　美景靠經營，好壞全在一片心。

釋 有山無水難成美景，有酒獨飲也難歡心，人生美景靠經
　 營，好壞全在一片心。

---

79. 有心載人就順路，無心載人手一拂，破樵
　　者紋會省力，問路無禮多行路。

註 拂（fid`）：揮；樵（ceuˇ）：當燃料的木材
釋 有人揮手搭便車，有心就會停車順路載，無心就手一
　 揮，問路沒禮會多走冤枉路，破材獲得看紋路走向會省
　 力。

---

80. 有事請教君子說，是非莫聽小人言，言談
　　愛多講好話，唆是弄非失人緣。

註 唆（soˊ）是（sii）弄（nung）非（fiˊ）：撥弄是非
釋 有事要向君子請教，是非莫聽小人言，言談要多出好善
　 言，撥弄是非會失人緣。

---

81. 有命毋怕病，無命毋怕慶，後生勞碌盡命
　　拚，老來多會一身病。

註 母（mˇ）：不；慶（kiang）：能幹、厲害；後（heu）生（sangˊ）：年輕；盡（qin）：非常

釋 有命就不怕病來磨，再能幹臨命終也毫無意義了，年輕時忽視身體健康拼命打拚，老了多會病痛纏身。

---

82. **有秤必有砣，有公就有婆，凡事必定有因果，善惡果報母係無。**

註 秤（ciin）砣（toˇ）：秤重的金屬重錘；母（mˇ）係（he）：不是

釋 有秤必有砣，有公就有婆，凡事必定有因果，善惡果報一定有。

---

83. **有理母使恁大聲，無理講話無人聽，無本事就莫去辯，禮讓正會得雙贏。**

註 母（mˇ）使（siiˋ）：不必；恁（anˋ）：那麼

釋 有理講話不必太大聲，無理講話沒人聽，沒本事就別去和他人爭辯，禮讓才會得雙贏。

---

84. **有脾氣就無人氣，溫和信用有生理，人客目珠金利利，放兜小利招人氣。**

註 生（senˊ）理（liˊ）：生意；人（nginˇ）客（hagˋ）：客人；目（mugˋ）珠（zuˊ）：眼睛；金利利：銳利；兜（deuˇ）：些

釋 做生意脾氣大就無人氣，個性溫和又有信用才會有生意，客人眼睛都銳利，施些小利就可招來人氣。

85. 有錢大魚又大肉，無錢鹹菜傍鮮粥，省儉
煞猛又知足，快樂人生盡幸福。

註 傍（bong`）：配；煞（sad`）猛（mang´）：勤奮；盡
（qin）：非常

釋 人家有錢大魚又大肉，我家沒錢鹹菜配鮮粥，只要節儉
努力又知足，這種人生也是快樂又幸福的。

86. 有錢毋使恁大聲，大聲不見人愛聽，無錢
也莫膨大孔，話多容易鴨公聲。

註 毋（mˇ）使（sii`）：不必；恁（an`）：那麼；膨
（pong）大孔（kung`）：吹牛；鴨（ab`）公（gung´）
聲（sang´）：聲音沙啞

釋 有錢說話也不必太大聲，大聲不見得人愛聽，沒錢也不
必吹牛，吹牛話多容易聲音沙啞。

87. 有錢毋驚天落雪，無錢就愁三大節，有錢
人家多瑣屑，巴掌向上失人格。

註 毋（mˇ）：不；瑣（so`）屑（seb`）：小氣

釋 有錢人家即使寒冬也不怕天下雪，沒錢人家就愁過三大
節，有錢人家多小氣，巴掌向上求人會失去人格讓人瞧
不起。

88. 有錢施捨愛優先，留兜陰功在人間，毋好
有錢頭臥臥，麼儕灶下無火煙。

註 兜（deu´）：些；毋（mˇ）好：不可；頭（teuˇ）臥（ngo）臥：抬頭而上望、驕傲；麼（maˋ）儕（saˇ）：什麼人

釋 有錢要以施捨為先，留些陰功在人間，有錢不可態度驕傲無禮，誰家灶裡火無煙。

---

89. 有嚐正有頓，無嚐就無頓，這種敗壞个選風，賢能有時難出眾。

註 嚐（sai´）：吃；正（zang）：才；頓（dun）：蓋；个（ge）：的

釋 有收紅包才會去蓋章，沒收紅包就不去蓋章，已是臺灣鄉間流傳已久的選舉文化，這種敗壞的選風，真正賢能的候選人有時會被埋沒。

---

90. 死豬母驚滾水燙，嫖客母愁肉生瘡，出門著到紳士樣，歸屋鑊頭無米放。

註 毋（mˇ）驚：不怕；著（zogˋ）到（do）：穿到；歸（gui´）屋：回家；鑊（vog）頭（teuˇ）：鍋子

釋 死豬不怕滾水燙，嫖客不愁肉生瘡，出門穿到紳士樣，回家鍋子沒米煮。

---

91. 竹仔破篾愛留青，打拚事業趕後生，老人个話係毋信，就會撞到面轉青。

註 篾（med）：竹、藤等剖成的細片；後（heu）生（sang´）：年輕；个（ge）：的；係（he）：如果；毋

（m˘）：不

釋 竹子破篾要留較韌的青皮，打拚事業趁年輕，不信老人言，就會撞到臉發青。

---

92. 竹仔越高尾越彎，兄弟越多人越奸，烏心錢財好貪取，早慢分人捉去關。

註 烏心：昧著良心；分（bun´）：給；捉（zog`）：抓

釋 竹子越高尾越彎，兄弟多為了爭產也會各自使出奸計，做人如果喜歡昧著良心貪取不義之財，早晚會被抓去關。

---

93. 竹篙曬衫愛天晴，打拚事業趕後生，田有落肥禾會靚，煞猛一定有收成。

註 竹（zug`）篙（go´）：竹竿；後（heu）生（sang´）：年輕；靚（jiang´）：漂亮；煞（sad`）猛（mang´）：勤奮

釋 戶外竹竿曬衣要晴天，打拚事業要趁年輕，稻有施肥禾苗才會長得好，人只要勤奮一定會有收獲。

---

94. 老人身上愛有錢，無求生活正自然，有錢妻賢子又孝，無錢求人難上天。

註 正（zang）：才

釋 老人身上要有錢，生活無求才能舒適自然，有錢就能妻賢子孝，沒錢求人難上天。

**95.** 細妹恁靚又善良，就像桂花滿樹香，阿哥看著心會想，可比烏蠅看著糖。

註 細（se）妹（moi）：女孩；恁（an`）：那麼；靚（jiang´）：美；烏（vu´）蠅（in`）：蒼蠅；看著（do`）：看到

釋 小姐漂亮又善良，就像桂花滿樹香，帥哥看到心會癢，好像蒼蠅看到糖。

**96.** 血汗稅金莫亂花，一定照顧大自家，你係自私好貪得，報應來時喊阿爸。

註 大（tai）自（qid）家（ga´）：大家；係（he）：如果；喊阿爸：徒嘆無奈

釋 公帑稅金都是人民的血汗錢，切莫亂花，一定要為大眾設想，你如果自私貪得為自已，得到報應就會徒嘆無奈。

**97.** 行入賭場人變賤，父子輸贏愛兌現，十場賭局九有詐，金山銀山毋罅騙。

註 罅（la）：夠

釋 走進賭場人會變賤，父子輸贏也要兌現，十場賭局九有詐，金山銀山也不夠騙。

**98.** 行久腳會軟，挨久肩會酸，烏心賺錢難長久，各熟一行心愛專。

註 挷（kai´）：挑；烏心：昧著良心

釋 路走久腳會軟，肩挑久也會酸，昧著良心賺來的黑心錢難長久，各人熟悉的行業要專心去做。

---

**99.** 行車照規矩，做人講道理，自家毋知莫假會，橫打直過無藥醫。

註 毋（m´）：不；橫（vang´）打直（ciid）過：橫行霸道

釋 行車要照規矩，做人要講道理，自知為自知，不知就別裝懂，橫行霸道沒藥醫。

---

**100.** 行崩崗就心緊張，行歪路又心毋慌，烏心頭路輒輒做，早慢跌著一身傷。

註 崩（ben´）崗（gong´）：懸崖；輒（jiab）輒：經常；著（do`）：到

釋 走在懸崖邊心情難免緊張，但有些人為非作歹也心不慌，經常昧著良心做些黑心事，早晚會摔得遍體鱗傷。

---

**101.** 行崩崗就步步險，做人做事愛檢點，投資一定風險大，毋係專業盡危險。

註 崩（ben´）崗（gong´）：懸崖；毋（m´）係（he）：不是；盡（qin）：非常

釋 行走懸崖邊步步危機，做人做事要檢點，投資一定有風險，不是專業很危險。

---

102. 行崩崗就真危險，想賺大錢愛冒險，上班下班心清閒，平安知足也異湛。

註 崩（ben´）崗（gong´）：懸崖；異（i）：很；湛（zam）：很好

釋 走在懸崖邊真的很危險，想賺大錢要險中鑽，每天上班下班就心清閒，平安知足也很好。

103. 行崩崗會腳底冷，世態人心得人驚，人生路上步步險，心存善念毋使驚。

註 崩（ben´）崗（gong´）：懸崖

釋 走懸崖邊腳底會發冷，炎涼的世態人心讓人害怕，人生路上多難關，心存善念就不用怕。

104. 行路頸偏偏，跌到腳惹天，利益一定愛忍讓，忍讓正有好人緣。

註 頸（giang`）偏（pien´）偏：桀驁不馴、驕傲無禮；惹（ngia´）：不雅的抬腳；正（zang）有：才有

釋 走路好像桀驁不馴又驕傲無禮的樣子，恐怕會摔到四腳朝天，利益一定要以忍讓為先，忍讓才會有好人緣。

105. 住家環境愛整理，鄰舍相待愛講理，心善積德行孝順，屋場一定好地理。

註 屋（vug`）場（cong˘）：居家的地理環境

釋 住家環境要整理，鄰居相待要講理，心善積德重孝道，居家一定是好地理。

106. 你就毋驚𠊎生死，𠊎哪愁你會肉臭，冤冤相報無時停，忍讓正會解冤仇。

> 註 毋（mˇ）：不；𠊎（ngaiˇ）：我；哪（nai）：那
>
> 釋 你就不怕我生死，我那還擔心你會肉臭，冤冤相報幾時休，忍讓才會解冤仇。

107. 別人食肉你食湯，別人枉法你擔當，戇戇呆毋識想，前途必定渺渺茫。

> 註 戇（ngong）戇呆（deˇ）呆：傻乎乎；毋（mˇ）識想：不用心思考
>
> 釋 別人吃肉你喝湯，別人枉法你擔當，凡事都傻乎乎不用心思考，前途必定渺渺茫茫。

108. 忍字頭頂一把刀，毋忍毋讓事情多，話出口前多思考，惡口傷人利過刀。

> 註 毋（mˇ）：不
>
> 釋 忍字頭上一把刀，凡事不能忍讓就會製造許多事端，話出口前多思考，惡口傷人利過刀。

109. 燒杏仁愛傍油條，阿妹就愛後生條，有錢自有人扛轎，有河自有人搭橋。

> 註 傍（bong`）：配；後（heu）生（sang´）條：年輕人
>
> 釋 熱的杏仁茶要配油條，小姐就喜歡年輕小伙子，有錢就會有人抬轎，有河自有人搭橋。

110. 男人無妻財無主，女無丈夫身無依，老來
無伴眞可憐，適婚男女就愛知。

釋 男人無妻財無人守，女人無夫身無依靠，老來無伴真可
憐，適婚男女就要知道這個道理。

111. 奉勸大家目愛金，賭場全部係壞人，爲了
輸贏失人性，萬貫家財會輸盡。

註 係（he）：是
釋 奉勸大家眼睛要放亮，賭場裡面全都是壞人，為了輸贏
會失去人性不擇手段，萬貫家財也會輸光。

112. 奉勸世間做官人，莫爲私利害黎民，貪得
一定有報應，衙門曉修聰明人。

註 黎（liˇ）民：庶民百姓
釋 奉勸世間做官人，莫為私利害人民，貪得一定有報應，
身居衙門懂得修行才是聰明人。

113. 官字兩張嘴，講話像狗吠，福利民生毋曉
得，營私牟利佢盡會。

註 狗（gieuˋ）吠（poi）；佢（iˇ）：他；毋（mˇ）：不；
牟（meu）利：以不當手段謀取私利；盡（gin）：非常
釋 官字兩個口，講話像狗吠，福利民生的事他不會，營私
牟利就非常內行。

114. 居家會尋好地理，做人惡霸毋講理，福地
正會福人戴，這個道理你愛知。

　註　尋（qim˅）：找；惡（og`）霸（ba）：為非作歹的人；毋
　　　（m˅）：不；正（zang）：才；戴（dai）：住

　釋　居家會找好地理，做人又蠻橫不講理，福地才會福人
　　　居，這個道理你要知道。

115. 往日有錢真風光，使錢也係盡大方，如今
落魄真淒涼，尋無好友來商量。

　註　往（vong´）日（ngid`）：從前；係（he）：是；盡
　　　（qin）：非常；尋（qim˅）：找

　釋　往日有錢很風光，用錢也是真大方，如今落魄真淒涼，
　　　找不到好友來商量。

116. 往日使錢準泥沙，今日浴堂準灶下，怪上
怪下怪自家，浪子回頭人人誇。

　註　往（vong´）日（ngid`）：從前；浴（iog）堂（tong˅）：
　　　浴室；灶（zo）下（ha´）：廚房

　釋　從前有錢時把錢當泥沙般的揮霍，今日才會落得浴室當
　　　廚房，怪上怪下要怪自己，要及時回頭，浪子回頭人人
　　　誇。

117. 狗仔貓仔當作寶，老爺老哀看成草，點點
滴滴天在看，盡遽你就會輪著。

註 爺（ia ˇ）哀（oi ´）：父母；著（do ˋ）：到；盡（qin ˋ）
遽（giag）：很快

釋 把狗貓寵物當作寶，把年邁雙親看成草，你的點滴行為
老天都會看到，報應很快就會輪到你。

---

**118.** 直腸直肚無米煮，梟兄斂弟業難守，私心
自用無制度，再好江山也難守。

註 直（ciid）腸直肚：直腸子；梟（hieu ´）、斂（lien）：
均指欺騙

釋 直腸子的人不會拐彎抹角容易吃虧，以欺騙的手段處事
終難守住事業，任何公司或團體如果私心自用，毫無章
法制度的話，再好的江山也難守住。

---

**119.** 社會是非難分明，三分親就贏過人，學歷
毋當朝有親，做事毋當會做人。

註 毋（m ˇ）當：不如

釋 社會是非難分明，三分親就贏過人，學歷不如在朝有親
友，做事不如會做人。

---

**120.** 肯問就有路，肯想就有步，上天無絕人之
路，畏畏縮縮行無路。

註 步（pu）：方法

釋 到了陌生地肯問就有路走，凡事肯細心思考就有辦法，
天無絕人之路，畏畏縮縮會走頭無路。

**121.** 花有千姿百態，人有賢愚好壞，別人是非莫去怪，管好自家正自在。

註 自（gid）家（ga´）：自己；正（zang）：才

釋 花有千姿百態，人有賢愚好壞，別人是非莫去怪，管好自己才能清心自在。

**122.** 花花世界錢做人，愛留兜錢顧家庭，富在深山有人尋，老來體健正贏人。

註 兜（deu´）：部份；尋（qim）：找；正（zang）：才

釋 花花世界錢做人，但不可亂花，要留些錢照顧家庭，富在深山有人找，老來體健才贏人。

**123.** 阿哥毋係耕田儕，毋會犁田踏割耙，聰明能力有爭差，毋好牽牛去逐馬。

註 毋（m）係（he）：不是；儕（sa）：人；毋會：不會；割耙：鬆土的農具；爭（zen´）差（ca´）：相差；毋（m）好：不可；逐（giug）：追

釋 阿哥不是耕田人，不會犁田也不會踏割耙，聰明能力有差別，不可免強牽牛去追馬，要量力而為。

**124.** 挨磚磨壁辛苦人，有錢愛多施捨人，打銅打鐵望賺食，煞猛毋使去求人。

註 挨（kai´）：挑；煞（sad）猛（mang´）：勤奮

釋 挑磚磨壁是辛苦人，有錢人家要多施捨他人，打銅打鐵也只圖溫飽，只要勤奮工作就不必伸手去求人。

125. 客話南北無同腔，蚊仔叮著共樣癢，番仔
學老也共樣，相互尊重樂洋洋。

> 註 叮（diau´）著（do`）：叮到；共（kiung）樣（iong）：
> 一樣；番（fan´）仔（e`）：昔時對原住民的蔑稱；學
> （hog）老（lo`）：閩南人

> 釋 臺灣客家話有海陸、四縣、大埔、饒平、詔安等南北不
> 同腔，但被蚊子叮到一樣會癢，不管是原住民或閩南人
> 都一樣，只要彼此間能相互尊重就會喜樂洋洋。

126. 後生成人愛討妻，老來毋會恁孤栖，寒冬
無伴夜難眠，一儕當過三領被。

> 註 後（heu）生（sang´）：年輕；恁（an`）：那麼；孤
> （gu´）栖（xi´）：孤單；一儕（sa´）：一人；當過：抵
> 過；領（liang´）：件

> 釋 年輕人成人後要結婚，年老時不會那麼孤單，寒冬無伴
> 夜難眠，一人可抵過三條棉被。

127. 後生時節心恁野，賺錢就好行酒家，花甲
之年難安樂，這下想著正知差。

> 註 後（heu）生（sang´）：年輕；恁（an`）：那麼；這（ia`）
> 下（ha）：現在；想著（do`）：想到；正（zang）：才；
> 差（ca´）：錯

> 釋 年輕時的心像脫韁的野馬，賺到錢就喜歡到酒家尋歡，
> 如今花甲之年難安樂，現在想到知錯為時已晚了。

128. 後生時節曉進鑽，前途事業心愛專，烏心
錢財暗暗賺，萬算無比天會算。

**註** 後（heu）生（sang´）：年輕；進鑽：鑽營；毋（mˇ）：不

**釋** 年輕時候懂得用心鑽營，前途事業要專心經營，如果暗
地裡使計賺取黑心錢，千算萬算沒比天會算，會有報應
的。

129. 後生煞猛爭名利，財多名高惹是非，勞碌
無去顧身體，年老就驚坐輪椅。

**註** 後（heu）生（sang´）：年輕；煞（sad`）猛（mang´）：
勤奮

**釋** 年輕時拚命爭名利，財多名高容易惹是非，醉心名利不
顧身體，年老就怕病痛纏身坐輪椅。

130. 柑仔愛食火燒柑，冬天甘蔗兩頭甜，人外
有人愛自重，項項愛贏人會嫌。

**註** 火燒柑：表皮些乾瘍的醜橘子

**釋** 橘子要吃火燒柑，汁多味美，冬天的甘蔗兩頭甜，人外
有人要謙虛自重，凡事都要爭贏會惹人嫌。

131. 柱弱屋易壞，輔弱國易敗，良心做事莫使
壞，欺神欺人天會怪。

**釋** 樑柱脆弱房屋容易損壞，領導的輔佐力弱國家也容易衰
敗。良心做事莫使壞，欺神欺人天會怪。

132. 看人做頭家，自家心就野，無本事又目毋
利，早慢跌到喊阿爸。

註 自（qid）家（ga´）：自己；毋（mˇ）：不；早慢：遲早
釋 看人當老闆，自己就起野心，沒本事又沒眼光，遲早會
摔到慘兮兮。

133. 英雄毋怕戰，就驚暗中箭，人生路上步步
險，愛有防人个觀念。

註 个（ge）：的
釋 英雄不怕戰，就怕暗中箭，人生路上步步險，害人之心
不可有，但要有防人之心的觀念。

134. 風吹竹過無留聲，梟人撮人壞名聲，老古
人言係毋信，惡語傷人得人驚。

註 梟（hieu´）人、撮（cod`）人：都是騙人；老古人言：古
訓；係（he）：如果；毋（mˇ）：不
釋 風來疏竹，風過而竹不留聲，欺騙他人會壞了自己名
聲，如果不信前人言，惡語傷人就會讓人心生畏懼。

135. 飛象難過河，好事不如無，財多名高莫貪
得，煞猛知足快樂多。

註 煞（sad`）猛（mang´）：努力工作
釋 棋盤上的象不能飛過河，事情都是好壞參半，好事不如
沒事，不貪得財多名高，只有努力又知足才會快樂多。

## 136.

**飛機天頂飛，雞嫲踞雞棲，物有所長莫勉強，強強壓壓費心機。**

**註** 天（tien´）頂（dang`）：天上；雞嫲（ma´）：母雞；踞（gu´）：蹲；雞（gie´）棲（ji）：雞窩

**釋** 飛機天上飛，母雞蹲雞窩，兩者都是天經地義的事，要明瞭物有所長的道理，如用強迫手段試圖改變，終究是白費心機。

## 137.

**食又愛食好，做又毋用腦，支出多又懶尸做，萬貫家財難守好。**

**註** 毋（m´）：不；懶（nan´）尸（sii´）：懶惰

**釋** 吃又要吃好，做事又不用腦思考，支出多又懶惰，萬貫家財也難守。

## 138.

**食酒驚過量，輸徼驚天光，阿哥就愁錢難賺，阿妹無郎心會慌。**

**註** 輸徼（gieu`）：賭輸

**釋** 喝酒怕過量，賭輸怕天亮，阿哥就愁錢難賺，妹無情郎心會慌。

## 139.

**食就沒頭絞髻，做又畏畏濟濟，庸庸碌碌無志氣，這種人生無意義。**

**註** 沒（mud）頭（teu´）絞（gau`）髻（gi）：全力以赴；畏（vi）畏濟（ji）濟：畏畏縮縮

**釋** 說到吃就全力以赴，說到做又畏畏縮縮，庸庸碌碌無志氣，這種人生無意義。

---

140. 食遍天下愛有鹽，行遍天下愛有理，橫打直過謀私利，到尾一定空歡喜。

**註** 橫（vang˘）打直（ciid）過：蠻橫不講理；到（do）尾（mi´）：最後

**釋** 吃遍天下的美食少不了鹽，行遍天下要講理，如果蠻橫不講理去謀私利，最終將是空歡喜一場。

---

141. 倉有糧就心毋慌，家庭和就心開揚，薄薄酒也勝釅茶，嫲嫲餔娘勝空房。

**註** 釅（ngiam˘）：濃；嫲（ze`）：醜；餔（bu´）娘（ngiong˘）：老婆

**釋** 倉有糧就心不慌，家庭和睦就會心開朗，薄薄酒就勝茶湯，醜妻惡妾也勝空房。

---

142. 夏至水會餓死鬼，能力強就高薪水，有錢毋愁鹽米貴，無錢難過心肝揪。

**釋** 夏至下雨，接著雨水多會造成水患作物欠收，能力強就能找到較高薪水職務，有錢就不愁鹽米貴，沒錢就難過的捶胸頓足。

---

143. 時間匆匆又一年，恭祝大家過新年，舊年好壞已經過，愛好計畫新來年。

**釋** 時間匆匆又一年，恭祝大家過新年，去年好壞已過去，
要好好計畫新的來年。

---

**144.** 書毋讀毋知規矩，事毋做層三砡四，畏畏
濟濟無生趣，前途自家愛打理。

**註** 毋（m）：不；砡（zag）：壓；層（cen）三（sam）
砡（zag）四（xi）：東西堆疊不處理；畏（vi）畏濟
（ji）濟：畏畏縮縮

**釋** 不讀書不懂規矩，做事又拖拖拉拉堆疊不處理，這種畏
畏縮縮的生活態度毫無生趣，個人前途要靠自己處理。

---

**145.** 留德愛優先，留財多冤愆，有錢也愛知施
捨，無錢志氣擺頭前。

**註** 冤（ian）愆（kian）：困擾；頭（teu）前：前面、優先

**釋** 為子孫留德要優先，留財子孫會多牽扯與困擾，有錢要
懂得施捨，沒錢時志氣要擺優先。

---

**146.** 畜豬無論大，總要及時賣，機會毋會輒輒
在，失了良機易失敗。

**註** 畜（hiug）：養；毋（m）會：不會；輒（jiab）輒：經
常

**釋** 養豬不論大小，總要及時賣得好價錢才最重要，機會稍
蹤即失，失了良機易失敗。

147. 耕田無學問，總愛多上糞，秋淋夜雨當過糞，種个玉米圓潤潤。

**註** 个（ge）：的；上糞（bun）：上肥；圓潤（iun）潤：圓滴滴

**釋** 耕田沒什麼大學問，總要適時多上肥料，秋淋夜雨勝過糞，種的玉米圓滾滾。

148. 耕田絡食愛靠天，煞猛也難賺大錢，小小生理贏肥田，想著處境懶下田。

**註** 絡（log`）食（siid）：討生活；煞（sad`）猛（mang´）：努力；生理：生意；著（do`）：到

**釋** 耕田要靠天吃飯，勤奮耕作也難賺大錢，小小生意也贏過肥沃的良田，想到這種不堪的處境就懶得下田。

149. 討妻愛看娘，種樹愛看秧，有錢母使新衣裳，財散人聚力就強。

**註** 母（mˇ）使：不必

**釋** 娶妻要看娘，種樹要看苗，有錢不必新衣裳襯托，人只要懂得付出，財散人聚自然力就強。

150. 後生比煞猛，老呻比大聲，打拚身體也愛顧，老來就少尋先生。

**註** 後（heu）生（sang´）：年輕；煞（sad`）猛（mang´）：努力；呻（cen´）：呻吟；尋（qimˇ）；先（xin´）生（sang´）：醫生

釋 年輕時比勤奮比耐力，老病時比呻吟大小聲，打拚工作身體也要顧好，老來體健就會少找醫生。

---

**151.** 酒誤君子水壞土，嫖會傷身賭會苦，後生賺錢毋曉守，老來孤栖就辛苦。

註 後（heu）生（sang´）：年輕；毋（mˇ）：不；孤（gu´）栖（xi´）：孤單

釋 酒會誤了君子品德，大水會沖壞土壤，嫖會傷身賭會變苦，年輕時賺錢隨意揮霍不會守，老來孤單就辛苦。

---

**152.** 高山流水一幅畫，鳥叫蟲鳴音樂家，靜下心來去欣賞，人間到處開香花。

釋 高山流水一幅畫和鳥叫蟲鳴音樂家都是描述大自然的美麗與和諧，如能靜下心來欣賞它，人間就如到處開滿香花般的美好。

---

**153.** 高速公路車輛多，大家小心會快到，毋好鬥緊出車禍，麻煩就會跈等多。

註 毋（mˇ）好：不可；鬥（deu）緊（gin`）：趕緊；跈（ten`）等：跟著

釋 高速公路車輛多，大家小心就會快到達目的地，如果爭先恐後出了車禍，麻煩就會跟著多。

---

**154.** 鬼怕日頭曬，人驚人品壞，做人就愁脾氣大，脾氣毋好事會敗。

註 毋（mˇ）：不

釋 傳說鬼怕見陽光，人怕人品壞，做人就擔心脾氣壞，脾氣不好事業容易會失敗。

---

155. 做人一定愛有格，不義之財不可得，頭家做人係瑣屑，公司員工心打結。

註 係（he）：如果；瑣（soˋ）屑（sebˋ）：小氣

釋 做人定要有人格，不義之財不可得。老闆做人如小氣，公司員工會有心結無鬥志。

---

156. 做人一定愛知足，知足人生正幸福，三餐毋使食恁好，食肉毋當好睡目。

註 正（zang）：才；毋（mˇ）使：不必；恁（anˋ）：那麼；毋（mˇ）當：不如；睡（soi）目（mugˋ）：睡覺

釋 做人一定要知足，知足人生才幸福，三餐不必太豐足，吃肉不如睡好覺。

---

157. 做人一定愛善良，毋好項項愛爭強，佢贏厓輸又何妨，忍他讓他係良方。

註 毋（mˇ）好：不必；佢（iˇ）：他；厓（ngaiˇ）：我；係（he）：是

釋 做人一定要善良，不必凡事都爭強，他贏我輸又何妨，忍讓是良方。

**158.** 做人一定愛識想，毋好項項愛爭強，忍佢讓佢無共樣，毋好譴死驗無傷。

註 識（siidˋ）想（xiongˋ）：多思考；毋（mˇ）：不；佢（iˇ）：他；共（kiung）樣（iong）：一樣；譴（kienˋ）：生氣

釋 做人做事一定要多思考，不可凡事都要與人爭強鬥勝，如能忍讓就會有不一樣的結果，不然會氣死驗無傷。

**159.** 做人人品第一高，貪圖小利人看無，卒仔毋知好過河，自家承擔壞惡果。

註 毋（mˇ）：不

釋 做人人品最重要，貪圖小利會讓人瞧不起，卒仔不過河死路一條，人不知進取也要自己承擔惡果。

**160.** 做人心愛靜，做事心愛定，陂塘魚多浪不靜，話多个人心不平。

註 陂（biˊ）塘（tongˇ）：池塘；个（ge）：的

釋 做人心要冷靜，做事心要定，池塘魚多浪不靜，話多的人心不平靜。

**161.** 做人做事愛認眞，失意時節無六親，親戚朋友雖有情，落難拜神也無靈。

註 六親：泛指最親近的親人

釋 做人做事要認真，失意時候沒六親，親戚朋友雖有情，也許自顧不暇或有隱情，落難時候拜神也不靈。

**162.** 做人莫做誑嘴牯，小小本事放心肚，人人灶下有煙火，你有𠊎有大家有。

註 誑（kuang）嘴（zoi）牯（gu`）：愛吹牛；心肚：心裡；
灶下：廚房；𠊎（ngai^）：我

釋 做人要謙虛不吹牛，小小本事要放心裡不必炫耀，誰家
灶裡火無煙，你有的我有大家也都有一些。

**163.** 做人就藃藃潷潷，做事又畏畏濟濟，嘥飽丁來又丁去，這種人生無意義。

註 藃（xiau^）藃潷（pi）潷：吹毛求疵；畏（vi）畏濟（ji）
濟：畏畏縮縮；嘥（sai´）飽：吃飽；丁（cog`）：閒晃

釋 做人吹毛求疵，做事又畏畏縮縮，吃飽又無所事事東晃
西晃，這種人生毫無意義。

**164.** 做人愛篤實，空話無價值，味留三分分人嚐，路頭緊行會緊直。

註 篤（dug`）實（siid）：忠厚老實；分（bun´）人：給人；
路（lu）頭（teu^）：事業

釋 做人要忠厚老實，空口白話沒有價值，要懂得味留三分
與人嚐的道理，前途事業才會越走越順暢。

**165.** 做人會劃又會算，錢銀一定毋會斷，做一行又怨一行，米缸早慢會斷糧。

註 毋（m^）：不

釋 做人懂得籌劃又會計算，金錢一定不會斷，做一行又怨

一行，米缸早晚會斷糧。

---

**166.** 做人錢財愛分明，生理秤頭愛公平，欺人就係欺自己，梟人錢財天會評。

註 秤（ciin）頭（teu˙）：秤砣；係（he）：是；梟（hieu´）：欺騙

釋 做人錢財要分明，生意秤頭要公平，欺人就是欺自己，騙人錢財老天自會有公正的評斷。

---

**167.** 做生理就望賺錢，信用自然人潮現，甘願收著八百現，毋願分人一千欠。

註 生（sen´）理（li´）：生意；著（do`）：到；毋（m˘）：不；分（bun´）：給

釋 做生意要就是希望賺錢，有了信用自然人潮會湧現，寧願收到八百現金，也不願給人拖欠一千。

---

**168.** 做官短短無幾年，毋係隨便有機緣，將心比心好修行，營私牟利折壽年。

註 毋（m˘）係（he）：不是；牟（meu）利：以不當手段謀取私利

釋 文章草草皆千古，而仕宦匆匆只十年，不是人人隨便有此當官機緣，將心比心好修行，而一昧的營私牟利是會折壽的。

**169.** 做得做得頭過得，做毋得時針難過，金銀財寶人人想，毋係𠊎个莫去摸。

註 毋（mˇ）得：不可以；毋（mˇ）係（he）：不是；𠊎（ngaiˇ）：我；个（ge）：的

釋 可以的話頭也過得去，不行的時候針也穿不過，勸人要認清時勢。金銀財寶人人想要，不是我的不可貪得。

**170.** 做無一湯匙，講到一畚箕，膨風一定人會畏，毋係專業莫假知。

註 畚（bun）箕（giˊ）：用來裝東西的竹製箕型器具；膨（pong）風（fungˊ）：吹牛；毋（mˇ）係（he）：不是

釋 做沒一湯匙的事，就誇大其詞說到一畚箕，吹牛一定會遭惹是非，不是專業別裝懂，會誤事。

**171.** 問路係無禮，加行幾十里，煮飯一定愛有米，做事也愛講道理。

註 係（he）：如果

釋 問路如果沒禮貌，會多走許多怨枉路，煮飯一定要有米，做事也要講道理。

**172.** 國有國个法，家有家个規，做人毋驚會食虧，就驚貪利違法規。

註 个（ge）：的；毋（mˇ）：不

釋 國有國法家有家規，做人不怕會吃虧，就怕貪圖小利違犯法規。

173. 庸官當道邪術多，愚民政策多如毛，百姓當作路邊草，白紙一定難包火。

> 釋 庸官當道邪術多，愚民政策多如毛，把善良百姓當作路邊草，白紙一定包不住火，遲早會露餡自食惡果。

174. 強將之下無弱兵，名師也會出高徒，食飽懶尸又好賭，到尾輸著面烏烏。

> 註 懶（lan´）尸（sii´）：懶惰；到尾（mi´）：最終；輸著（do`）面烏烏：輸到臉翻黑
>
> 釋 強將之下無弱兵，名師也會出高徒，吃飽懶惰又好賭，最終會輸到慘兮兮。

175. 淋水一勺又一勺，毋當天頂隨便落，凡事就愛順天意，逆天行為難安樂。

> 註 淋水：澆水；勺（sog）：舀水的器具；毋（mˇ）當：不如；天（tien´）頂（dang`）：天上
>
> 釋 用杓子一勺又一勺的舀水澆，不如上天隨便下陣雨來得滋潤均勻，凡事就要順天意，逆天行為難安樂。

176. 清明田肚青河河，愛食青菜毋愁無，物產豐富真寶島，農民辛苦你知無。

> 註 田（tienˇ）肚（du`）：田裡；青（qiang´）河（hoˇ）河：綠油油；毋（mˇ）：不；無（moˇ）
>
> 釋 清明時節田裡到處綠油油，要吃青菜不用愁，臺灣物產豐富真是個寶島，可是農民的辛苦你們知道嗎？

177. 爽口多食偏作病，少食正係卻病丹，貪心
不足人會嫌，安分守己結人緣。

註 正（zang）係（he）：才是

釋 爽口的食物多吃了容易生病，少吃才是卻病丹，貪心不
足會遭人嫌，安分守己才能結好人緣。

178. 現代社會真不公，朝中有人贏三分，學識
能力莫去論，管佢貓嫲也貓公。

註 佢（iˇ）：他；貓嫲（maˇ）：母貓

釋 現代社會真不公，朝中有人贏三分，學識能力擺一邊，
管他母貓或公貓。

179. 現代社會真屙糟，貪官用錢疊功勞，真正
爲民無幾儕，正直分人丟落河。

註 屙（oˊ）糟（zoˊ）：骯髒；疊（tiab）；儕（saˇ）：人；
分（bunˊ）：給；丟落河：不屑一顧

釋 現代社會真骯髒，貪官的功勞都是用濫花公帑堆疊起來
的，真正爲民謀福祉的沒幾人，正直無私的人會讓人不
屑一顧，也難以出頭。

180. 細妹恁靚真可愛，仰般毋會有人愛，唉是
弄非佢盡會，全全壞在該張嘴。

註 細（se）妹（moi）：小姐；恁（anˋ）靚（jiangˊ）：很
漂亮；仰（ngiongˋ）般（banˊ）：怎麼；毋（mˇ）：不；

唆（so´）是（sii）弄（nung）非（fi´）：撥弄是非；佢
（iˇ）：她；該（ge）：那

釋 小姐漂亮又可愛，怎會沒人愛，是因為很會撥弄是非，
全是壞在那張嘴。

---

181. 細細本事莫張揚，花開能有幾時香，謙虛
處事心善良，身上無花自然香。

註 細（se）：小
釋 小小本事莫張揚，花開能有幾時香，謙虛處事心善良，
身上無花也自然飄香。

---

182. 莫做違法上公廳，官司愛贏錢先行，贏了
官司壞了名，何必事事愛爭贏。

註 公廳：公堂，喻法院
釋 莫做違法上公堂，官司要贏錢要先行，贏了官司卻壞了
名聲，何必凡事都要爭贏。

---

183. 貧窮毋怕粥湯鮮，求人難過上青天，食齋
係會能得道，蚊仔烏蠅會耕田。

註 毋（mˇ）：不；係（he）：如果；烏（vu´）蠅（inˇ）：
蒼蠅
釋 貧窮不怕粥湯鮮，求人難過上青天，吃素如果能得道，
蚊子蒼蠅都會耕田。

184. 邪心貪官話信得，狗屎可以來食得，名利項項都想愛，平民百姓像垃圾。

註 垃（leb`）圾（seb`）

釋 貪官污吏的話如可信，狗屎都可以拿來吃，名利通通都想要，把平民百姓當垃圾。

185. 貪官錢歸竇，暢到尾翹翹，報應來時有好噭，老天毋會分你梟。

註 竇（deu）：巢；暢（tiong）：高興；尾（mi´）；噭（gieu）：哭；毋（m╲）：不；分（bun´）：給；梟（hieu´）：欺騙

釋 貪官口袋貪飽飽，開心得不得了，報應來時就有得哭，老天是不會讓你欺瞞。

186. 逐狗入窮巷，窮巷狗咬人，生理秤頭莫欺騙，信用可靠人傳人。

註 逐（giug`）：追趕；窮巷：死巷

釋 追狗入死巷，狗急會跳牆，會被反咬一口。做生意要童叟無欺，秤頭不騙人，信用可靠會人傳人，生意自然興隆。

187. 這下貓仔驚老鼠，這下高官驚政府，為了官位心變邪，良心道德放山肚。

註 這（ia`）下（ha）：現在；山肚：山裡

> 釋 現在的貓咪怕老鼠，現在高官怕政府，為了官位心變邪，把良心道德拋諸腦後。

---

**188.** 富人煞猛思考多，窮人懶尸理由多，大家時間都共樣，爭差你有煞猛無。

> 註 煞（sad`）猛（mang´）：努力工作；懶（lan´）尸（sii´）：懶惰；共（kiung）樣（iong）：一樣；爭（zen´）差（ca´）：差別；無（mo˙）
>
> 釋 富人努力賺錢思考多，窮人懶惰理由多，其實大家時間都一樣，差別在於你否努力。

---

**189.** 寒天日頭盡燒暖，世態炎涼也正常，莫攀莫比愛自強，煞猛自有後福享。

> 註 日（ngid`）頭（teu˙）：太陽；盡（qin）：非常；燒暖：溫暖；煞（sad`）猛（mang´）：勤奮
>
> 釋 寒冬的太陽非常舒適溫暖，世態人心冷暖也算正常，莫攀莫比要自強，努力自能享後福。

---

**190.** 敢入廚房莫驚熱，愛捉虎子入虎穴，耕田種地煞猛蹶，就望子弟會發達。

> 註 捉（zog`）：抓；煞（sad`）猛（mang´）：勤奮；蹶（kiad）：攀登、努力打拚
>
> 釋 敢進廚房做事就不要怕熱，不入虎穴焉得虎子，耕田種地努力打拚，就是希望子弟能多讀書，他日事業發達。

**191.** 朝廷有人好做官，豬狗也會變猴王，有事後背有人擋，坐領高薪一等爽。

註 後（heu）背（boi）：背後；擋：撐腰

釋 朝廷有人好當官，豬狗也會變猴王，有事背後有人撐腰，坐領高薪真爽快。

**192.** 朝晨唱喏三支香，保祐大家都平安，是非恩怨隨煙去，子孝爺哀心會寬。

註 朝（zeu´）晨（siinˇ）：早上；唱（cong）喏（ia´）：拜拜；爺（ia´）哀（oi´）：父母

釋 晨起燃香三支拜神明，保祐大家都平安，是非恩怨都能隨煙飄散，子女孝順父母會寬心。

**193.** 無心施捨功德大，違法斂財難久享，凡事都愛多思量，將心比心愛善良。

註 斂（liam）財：以不正當的手段聚積錢財

釋 無心布施功德大，違法聚財難久享，凡事都要多思量，能將心比心還要有善良的心地。

**194.** 無事乖乖屋下寮，毋會出去堵鬼怪，堵著困難心愛在，性急容易會失敗。

註 屋（lug`）下（ka´）：家裡；寮（liau）：休息；毋（mˇ）：不；堵（duˇ）：碰

釋 沒事乖乖家裡休息，才不會出去碰到鬼怪事，碰到困難心要定，性急容易會失敗。

---

**195.** 無情妹仔詐耳聾，無用男人擐鳥籠，人老莫做餐哴公，得人敬重好家翁。

註 妹仔（e`）：小姐；擐（kuan）：提；餐（nung ˇ）哴（nung）：喋喋不休；家翁：公公婆婆

釋 無情小姐對較寒酸客人的要求會裝聾作啞，無用的男人只會提鳥籠閒逛，不務正業。老人不可整天喋喋不休，這才會是得人敬重的好家翁。

---

**196.** 想愛嬲就種蘿蔔，毋驚死就去做賊，出門先愛看天色，入門也愛看面色。

註 嬲（liau）：休息、玩

釋 想要偷懶休息就種蘿蔔，不怕死就去做賊，出門先要看天色，入人家門也要看對方臉色。

---

**197.** 毋讀書就無筆墨，毋驚死就去做賊，平常毋曉來積德，後代子孫難出色。

註 毋（m ˇ）；不；筆墨：學問

釋 不讀書就沒學問，不怕死就去做小偷，平常不知積點陰德，後代子孫就難有出色表現。

---

**198.** 是非只因閒開口，惹禍多為壞心腸，溫和忍辱心不壞，安分守己度時光。

釋 是非只因閒開口，惹禍是為心術不正所招來禍害。溫和忍辱心善良，安分守己才能安度時光。

---

199. 愛唱曲又聲難聽，愛做婊又生毋靚，無本事就愛自重，閒話入耳就難聽。

註 毋（m）：不；靚（jiang）：漂亮

釋 想唱曲又聲音難聽，想做婊又不夠漂亮，沒本事就要自重，閒話入耳就難聽。

200. 愛聽實話問細人，愛聽好話問媒人，做人是非毋分明，做事容易出事情。

註 細（se）人：小孩；毋（m）：不

釋 要聽實話要問小孩，要聽好話問媒人，做人是非不分明，做事容易出事情。

201. 敬神唱喏心愛誠，心正求神正有靈，落難正來求神明，神無保祐歪心人。

註 唱（cong）喏（ia）：拜拜；正（zang）：才

釋 敬神拜拜心要誠，心正求神才有靈，落難才來求神明，神不保祐心術不正的人。

202. 暗晡毋睡去做賊，衙門官員好貪墨，不義之財莫貪得，無面無皮失人格。

註 暗（am）晡（bu）：晚上；貪（tam）墨（med）：貪污；無（mo）面無皮：厚顏無恥

釋 晚上不睡去做賊，衙門官員愛貪污，不義之財別去貪得，厚顏無恥將會失去人格尊嚴。

203. 煞猛讀書學歷高，博士碩士一大籮，毋係
專業莫去插，誤人誤事罪孽多。

註 煞（sad`）猛（mang´）：勤奮；毋（mˇ）係（he）：不
是

釋 努力讀書學歷高，滿街博士碩士一大堆，不是專業別去
隨意觸碰，誤人誤事就罪孽多。

204. 爺哀个話你愛聽，有病就愛看先生，先生
个話聽毋入，再好藥方無較爭。

註 爺（iaˇ）哀（oi´）：父母；个（ge）：的；先（xin´）生
（sang´）：醫生；毋（mˇ）：不；無（moˇ）較（ka）爭
（zang´）：無效益

釋 父母的話你要聽，有病就要看醫生，如果不聽醫生的
話，再好的藥方也無效。

205. 當初風光難擋，這下孤魂草長，人生短短
愛想長，風光毋當名聲響。

註 這（ia`）下（ha）：現在；毋（mˇ）當（dong）：不如

釋 當初風光難擋，現在孤魂草長，人生短短要深思，短暫
的風光不如為後世留下好的名聲。

206. 當家正知樵米貴，無錢感覺難當家，有錢
時節愛省儉，急難也愛靠自家。

註 正（zang）：才；樵（ceuˇ）：當燃料的木材；省
（sang`）儉（kiam）：節儉

釋 當家才知材米貴，無錢也才感覺當家難，有錢時候節儉
莫亂花，急難也要靠自己。

---

**207.** 群體生活無簡單，齧察小氣人會嫌，大方
付出人講湛，阿謠也係一時間。

註 齧（ngad`）察（cad`）：小氣；湛（zam）：美好；阿
（o´）謠（no）：讚美；係（he）：是

釋 群體生活不容易，做人小氣會遭人嫌棄，如果大方付出
會獲得他人的讚美，但讚美也只是一時的，還是務實些
較為實際。

---

**208.** 腰酸愛尋按摩師，走稅愛尋會計師，各行
各業愛專長，膨風容易會出事。

註 尋（qim´）：走（zeu`）：跑；會（fi）計（gie）師；膨
（pong）風（fung´）：吹牛

釋 腰酸要找按摩師，逃稅要找會計師，各行各業要專長，
吹牛容易出事情。

---

**209.** 衙門裡背好修行，頭頂三尺有神明，勤儉
持家莫求人，莫做貪心歪哥人。

註 衙（nga´）門（mun´）：政府的辦公處所；裡（di´）背
（boi）：裡面

釋 衙門裡面好修行，頭頂三尺有神明，勤儉持家莫求人，
別做貪心又行為不正的人。

210. 衙門裡背貪官多，毋係專業跳過河，雞嫲帶子全顧著，跈對頭家錢多多。

註 衙（ngaˇ）門（munˇ）：政府的辦公處所；裡（diˊ）背（boi）：裡面；毋（mˇ）係（he）：是；雞（gieˊ）嫲（maˇ）：母雞；顧著（do）：顧到

釋 衙門裡面貪官多，不是專業或未經國家考試及格都能私心自用提拔擔任要職，視國家文官制度如敝屣，就如母雞帶小雞一樣照顧的無微不至，只要跟對老闆就錢多多。

211. 話出口前信為先，一擺失信難回天，生理場上有誠信，財源廣進會賺錢。

註 一擺（bai`）：一次；生（senˊ）理（liˊ）：生意

釋 話出口前要先考量自己的誠信，一次失信就難回天，生意場中能講求誠信，一定會財源廣進賺大錢。

212. 話傳過三人，猴仔也變人，做人是非愛分明，路邊消息會害人。

釋 話傳超過三人，猴子也變成人，做人是非要分明，路邊消息會害人。

213. 賊毋做就係人，錢毋用就係紙，不貪不取知廉恥，浪子回頭得支持。

註 毋（mˇ）：不；係（he）：是

釋 不做賊就是人，錢不用就是紙，不貪不取知廉恥，浪子回頭會獲得他人支持。

---

214. 路行毋對路途遠，話講毋對失人緣，後生嫖賭毋惜錢，老來生活就可憐。

註 毋（mˇ）：不；後（heu）生（sangˊ）：年輕

釋 路走錯了會多走許多冤枉路，講話不得體會得罪人也會失去人緣，年輕時嫖賭上身不愛惜金錢，老來生活就可憐。

---

215. 路遠一定無輕擔，貪圖小利人會驚，有理講話愛讓人，無理就愛恬恬聽。

註 恬（diamˊ）恬：安靜

釋 挑物走遠路一定無輕擔，貪圖小利人會怕，有理講話要讓人，無理就要靜靜聽，莫強辯。

---

216. 農民耕田會做死，衙門高官像食屎，有價無貨會譴壞，無價農作像狗屎。

註 譴（kienˋ）：生氣

釋 農民耕田會累死，衙門高官像吃屎，農作價格好又沒貨會氣死，盛產時價格崩跌的農作又像狗屎。

---

217. 剮人又放火，子孫會害著，因果報應毋係無，積善正會結善果。

註 刣（ciiˇ）：殺；著（do`）：到；毋（mˇ）係（he）：不
是；無（moˇ）；正（zang）會：才會
釋 專幹些殺人放火的不法情事，會貽害子孫，因果報應一
定有，多積善行才會結善果。

---

218. 刣豬公又無相請，嫁妹仔又分大餅，禮尚往
來眞難閃，總係有緣正會請。

註 刣（ciiˇ）：殺；妹（moi）仔（e`）：女兒；分
（bunˊ）：給；係（he）是；正（zang）：才
釋 殺豬公又沒邀請，嫁女兒又給大餅，禮尚往來真為難，
總是有緣才會請。

---

219. 嫩樹搭橋毋耐行，人老容顏毋耐靚，相由
心生毋使驚，慈悲必定顯瑞顏。

註 毋（mˇ）：不；靚（jiangˊ）：美；毋（mˇ）使
（sii`）：不必
釋 嫩樹搭橋不耐走，人老容顏不耐美，相由心生不用怕，
心懷慈悲必定顯瑞相。

---

220. 榕樹恁大無直根，世上人多少直人，做人
曉得報恩情，當過燒香拜神明。

註 恁（an`）：那麼；當（dong）過（go）：更勝於
釋 榕樹雖大無直根，世上人多少正直的人，做人曉得報恩
情，勝過燒香拜神明。

**221.** 滿哪高樓又大廈，倕个茅屋漏叉叉，敢係八字有爭差，改變命運靠自家。

> **註** 滿哪（nai）：到處；倕（ngaiˇ）个（ge）：我的；漏（leu）叉（ca）叉：漏水嚴重；敢（gamˋ）係（he）：難不成；八字：命理師把人出生的年、月、日、時各配干支，作為推算吉凶禍福的依據；爭（zenˊ）差（caˊ）：差別；自（gid）家（gaˊ）：自己

> **釋** 到處高樓大廈林立，我住的茅屋卻嚴重漏水，難不成出生時的八字有差別，但我相信改變命運要靠自己。

**222.** 福地一定福人居，毋使請人看地理，良心做事存善念，惡運慢慢會遠離。

> **註** 毋（mˇ）使（siiˋ）：不必

> **釋** 福地一定福人居，福人才能居福地，不需要請人看地理風水，只要心存善念良心做事，惡運慢慢會遠離

**223.** 算命係有靈，世上無窮人，生辰八字莫去信，老實煞猛正最靈。

> **註** 係（he）：如果；八字：命理師把人出生的年、月、日、時各配干支，作為推算吉凶禍福的依據；煞（sadˋ）猛（mangˊ）：勤奮；正（zang）：才

> **釋** 如果算命有靈驗，世上就無窮人，生辰八字別去信，老實又勤奮才是最靈驗的。

224. 麼儕當家就做主，麼儕出錢就大哥，社會現實莫議論，自家斤兩愛除好。

註 麼（ma`）儕（sa´）：何人；斤兩：身份

釋 誰當家就誰做主，誰出錢誰就是大哥，社會就那麼現實別囉唆，自己身份要考慮清楚。

225. 價錢好商量，秤莫偷斤兩，公私老天看現現，梟人難有好下場。

註 梟（hieu´）人：騙人

釋 做生意價錢好商量，但用秤不能偷斤兩，公正或私心老天看得一清二楚，騙人難有好下場。

226. 窮人借米赴落鑊，望人施捨嘴勺勺，富人多有盡瑣屑，愛靠自家較定著。

註 赴（fu）落鑊（vog）：趕下鍋；嘴勺（sog）勺：張口失望的樣子；盡（qin）：非常；瑣（so`）屑（seb`）：小氣；較（ka）定（tin）著（cog）：較穩當

釋 窮人借米趕下鍋，望人施捨難如願，富人多較小氣刻薄，要靠自己才較穩當。

227. 窮人著爛衫，講話無人聽，富人講話盡大聲，大聲不見人愛聽。

註 著（zog`）：穿；盡（qin）：非常

釋 窮人著破衣，講話沒人聽，富人講話很大聲，但大聲不見得人愛聽。

**228.** 賭場全係獅同虎，嫖會傷身賭會苦，男人賺錢家愛顧，愛賭何必恁辛苦。

註 係（he）：是；恁（an`）：那麼

釋 賭場全是獅和虎，嫖會傷身賭會苦，男人賺錢要顧家，愛賭何必那麼辛苦。

**229.** 靠哥又靠嫂，籬穿壁會倒，身體健康愛顧好，煞猛食著毋愁無。

註 煞（sad`）猛（mang´）：勤奮；食著（zog`）：吃穿；毋（m˘）：不

釋 靠哥又靠嫂，籬會穿壁會倒，都不可靠，只有把身體健康照顧好，勤奮吃穿就不用愁。

**230.** 樹倒根還在，好人講不壞，毋愁做事會失敗，就愁無人肯信賴。

註 毋（m˘）：不

釋 樹倒根在能重生，好人講不壞，不擔心做事會失敗，就擔心沒人肯信賴。

**231.** 褲爛無錢補，有錢拿去賭，賭博場中惡過虎，腳步踏入命難守。

釋 褲爛了沒錢補，有錢了又拿去賭，賭博場中的人心惡勝虎，腳步踏入老命就難保。

**232.** 選舉一到口涎多，惡口傷人利過刀，政論節目又點火，正面教育完全無。

註 口（heu`）涎（lan´）：口水

釋 選舉一到口水多，相互攻擊對方，惡口傷人利過刀，政論節目又點火，對社會完全沒有正面的教育功能。

**233.** 選舉一到是非多，挖若阿公挖若婆，空頭支票一大籮，全全爲了阿錢哥。

註 挖（iad`）；若（ngia´）：你

釋 選舉一到是非多，會有互揭瘡疤的不道德攻擊，連爺爺奶奶都不放過；而且空頭支票滿天飛，這都是為了得到高官厚祿的金錢利益。

**234.** 選舉花樣實在多，看來看去膨風多，你係印仔頓毋著，惡報來時莫囉嗦。

註 膨（pong）風：吹牛；係（he）：如果；印（in）仔（e`）：印章；頓（dun）：蓋；毋（m\`）著（cog）：不對

釋 選舉花樣實在多，看來看去吹牛多，你如果不慎選蓋錯了章選錯了人，得到惡果就閉嘴。

**235.** 頭家肯散財，自然有人才，財散人聚福運到，毋使項項自家來。

註 毋（m\`）使：不必

釋 老闆肯散財分享利潤，就不用擔心找不到好人才，財散人會聚福運會到，不必凡事自己操心動手。

---

**236.** 頭家愛有好度量，主政持家也共樣，雞腸鳥肚壞心腸，事業家庭也難旺。

註 度（tu）量（lion）：胸襟；共（kiung）樣（iong）：一樣；雞腸鳥肚：比喻肚量狹小

釋 當老闆要有好肚量，主政持家也一樣，肚量狹小又壞心腸，事業或家庭都難興旺。

---

**237.** 擎遮毋當雲遮日，撥扇毋當風來涼，強求姻緣毋會長，滿園花開自然香。

註 擎（kiaˇ）：拿；遮（za´）：雨傘；撥（pad`）：搧；毋（mˇ）當（dong）：不如；毋（mˇ）會：不會

釋 拿雨傘不如雲遮日來得蔭涼，搧扇子也不如自然風來得涼爽，強求姻緣沒有愛不長久，滿園花開自然飄香。

---

**238.** 講話一定愛細聲，壁項有縫人會聽，你係講話聲忒大，不見人會願意聽。

註 細（se）：小；壁（biag`）項（hong）：牆上；縫（pung）；係（he）：如果；忒（ted`）：太

釋 講話一定要小聲，牆有縫壁有耳，會讓人偷聽到，你如果講話太大聲，不見得人會願意聽。

---

239. 講話屙膿又滑痢，若个信用會掃地，講話
之前無注意，得失著人就容易。

註 屙（o´）膿（nung˅）又滑（vad）痢（li）：說話不正
經；若（ngia´）：你；个（ge）：的；得（died`）失
（siid`）：得罪；著（do`）：到

釋 平常講話不正經，你的信用會掃地，講話之前不注意，
就會容易得罪他人。

---

240. 賺錢愛有真本事，毋好貪心做壞事，煞猛
毋驚無錢用，就愁有錢無命使。

註 毋（m˅）：不；煞（sad`）猛（mang´）：勤奮

釋 賺錢要有真本事，不可貪心做壞事，工作勤奮就不擔心
缺錢可用，就擔心有錢沒命使用。

---

241. 秋雨歸夜落無停，農民聽著好心情，秋淋
夜雨當過糞，靠天食飯係農民。

註 歸（gui´）夜（ia）：整晚；聽著（do`）：聽到；當
（dong）過（go）：更勝於；係（he）：是

釋 秋天雨少，如果整晚秋雨下不停，農民聽到好心情，秋
淋夜雨勝過肥，靠天吃飯是農民。

---

242. 懶尸到尾褲袋空，煞猛正有好年冬，空思
夢想一陣風，腳踏實地會成功。

註 懶（lan´）尸（sii´）：懶惰；到尾（mi´）：最終；煞
（sad`）猛（mang´）：勤奮；正（zang）：才

釋 懶惰不努力最後會落得口袋空空，勤奮才會有好年冬，空思夢想像一陣風一樣不切實際，只有腳踏實地才會成功。

243. 寶島臺灣實在好，可惜選舉特別多，欺騙民心手段高，社會教育完全無。

釋 寶島臺灣實在好，可惜選舉特別多，欺騙民心手段高，社會教育完全無。

244. 露露孖孖管天下，屙屙糟糟較大箍，細人從細多受苦，日後當家機會多。

註 露露孖（la）孖：衣衫不整；屙（oˊ）屙糟（zoˊ）糟：骯髒；較（ka）大（tai）箍（koˊ）：較胖；細（se）人：小孩

釋 昔時農村生活窮困，衣衫不整的小孩滿街跑，衛生條件也不佳，小孩照樣養得胖嘟嘟，小孩從小受苦多，日後當家做主的機會也會多。

245. 讓人加一寸，得理加一尺，天理路上路盡闊，人慾路上盡彎幹。

註 闊（fad`）：寬敞；彎（van）幹（vad`）：彎曲

釋 多讓人一寸，得理多一尺，天理路上路寬廣，人慾路上彎曲難行。

246. **鑼鼓盡打聲有限，雷公一響滿哪聽，做人就驚膨大孔，人外有人愛知聽。**

　　註 滿哪（nai）：到處；膨（pong）大（tai）孔（kung`）：吹牛；知（di）

　　釋 鑼鼓再用力敲打，聲音傳遞還是有限，天上一聲雷響澈雲霄，做人就擔心愛吹牛，要了解人外有人的道理。

247. **四年一擺選總統，就像貓嫲齧貓公，空頭支票滿哪放，輸贏都變大富翁。**

　　註 一擺（bai`）：一次；貓嫲（ma^）：母貓；齧（ngad`）：咬；滿哪（nai）：到處

　　釋 總統四年選一次，就像母貓發情咬公貓，吵死人，空頭支票隨意開，只要達到票數，輸贏都可領大筆補助款變大富翁。

248. **當初風光難擋，這下過勞倒床，錢多毋當身體好，知己毋當好餔娘。**

　　註 這（ia`）下（ha）：現在；毋（m^）當（dong）：不如；餔（bu´）娘（ngiong）：妻子

　　釋 年輕時努力打拚事業，功成名就時風光難擋，現在年老力衰過勞臥床，錢多不如身體強健，知己朋友也不如賢慧妻子能照顧自己。

249. **人無求人一般大，賭場人心一般壞，貪字頭會貧字腳，安份守己較自在。**

註 較（ka）

釋 人不求人時大家都一般大，賭場中的人心都一般壞，貪的結果會以貧窮收場，不貪的人安分守己生活較自在。

---

250. 池中鴨仔自在游，人生短短似來遊，總愛煞猛愛知足，功名富貴莫強求。

註 煞（sad`）猛（mang´）：勤奮

釋 池中鴨子自由自在的游著，人生短暫似來遊，總要勤奮又知足，對功名富貴別強求。

---

251. 心愛減肥嘴毋想，食了這餐正來講，好嘴嘴係毋曉儆，苗條佳人係夢想。

註 這（ia`）；正（zang）：才；嘴（sai´）：吃；係（he）：如果；毋（mˇ）：不；儆（kiang）：節制

釋 心想減肥嘴又不想，吃完這餐才來說，愛吃嘴如果不懂節制，想要變苗條佳人也只是夢想而已。

附錄

# 山歌詞

## (一)2019竹東天穿日山歌比賽詞

1. 竹子高高尾會彎，東山日出照西山；
   天韻山歌迎賓客，穿山油羅水彎彎。

2. 竹子軟軟拗毋斷，東片日出照四方；
   山明水秀好所在，歌聲傳唱在天穿。

3. 福地後背有大山，頭前河水流彎彎；
   地靈人傑好所在，山歌出名通臺灣。

4. 北部出名客家莊，天穿山歌名聲揚；
   大家共下來打拚，客家文化愛傳揚。

5. 山歌裡背全文章，男女對唱樂洋洋；
   做齋愛唸海陸話，山歌愛唱四縣腔。

6. 新年一過係天穿，山歌愛唱聲愛軟；
   阿哥愛戀有情妹，想結連理心愛專。

## (二)2018客家歌徵詞大賽（優勝）

1. 男生唱：

   做工絡食難賺錢，屋下恁苦又無田；

毋當出外去打拚，賺有錢銀好買田。

女生唱：

我夫出外去賺錢，侳會好好守家園；
出門身體愛保重，早日轉來再團圓。

合唱：

山歌唱來鬧連連，想起餔娘（我夫）痛胸前；
兩儕同心來打拚，平安幸福到永遠。

2. 男生唱：

秋風吹來陣陣涼，心心念念侳餔娘；
出外自家會保重，轉冷會添加衣裳。

女生唱：

阿哥出外莫受涼，打拚事業身愛強；
日夜相思苦難當，就望早日見親郎。

合唱：

男人立志走他鄉，野花哪有家花香；
公婆姻緣前生定，愛相憐惜像鴛鴦。

㈢2019年客家山歌徵詞比賽

1. 桃樂獎

桃園實在好地理，交通南北透東西；
石門觀光助產業，宜家宜室宜人居。
文化傳承靠言語，海陸四縣係母語；

大家共同來打拚，客家名聲傳千里。

2. 入選獎

<u>男生唱</u>：

山坪茶樹青又靚，就像群龍入山坑；
老妹摘茶阿哥食，緊食感覺緊後生。

<u>女生唱</u>：

摘茶愛摘兩三皮，手摘茶葉心想你；
阿哥莫做無情漢，老妹一定會等你

<u>合唱</u>：

食茶愛食半燒冷，入嘴感覺喉嗹甘；
三餐食飽一杯茶，無病毋使尋先生

## (四) 合唱曲

1. <u>男生唱</u>：

月光無火樣恁光，桂花無風樣恁香；
老妹生著仙女樣，阿哥想著心開揚。

<u>女生唱</u>：

阿哥斯文好文才，老妹想著心就開；
就愁阿哥心毋定，狐狸一隻一隻來。

<u>合唱</u>：

兩心相印分毋開，就像蝴蝶雙雙來；
姻緣前世已注定，月老幫忙送做堆。

2. 男生唱：

滿園花開一等香，可比老妹在身旁；
滿天烏蠅飛亂鑽，就愁老妹嫁別郎。

女生唱：

阿哥斯文身體強，日想夜想苦難當；
係能見著阿哥面，石頭煮湯感覺香。

合唱：

妹有情來哥有意，有情有意難分離；
係能早日配成對，伯公壇下請棚戲。

3. 男生唱：

打早跕床唱山歌，聽著對山妹來和；
半月難得見一面，毋知心中有催無。

女生唱：

山路難行又隔河，日想夜想也係哥；
聽著哥聲心歡喜，阿哥哪久會過河。

合唱：

山歌對唱心情好，早日分偲結公婆；
毋驚隔河路又遠，共下挾泥來屯河。

4. 男生唱：

山歌愛唱弦愛和，阿哥打鼓妹打鑼；
人人講偲真登對，老妹做得嫁催無。

女生唱：

阿哥歌聲盡撩人，老妹聽著好心情；
千儕萬儕妹無愛，就愛阿哥一儕人。

菜園青菜青又靚，三日無食偏重輕；
暗夜睡目有哥（妹）揇，贏過黃金歸千擔。

5. 男生唱：

山歌一唱心鬆爽，三日毋唱會鬧傷；
係有老妹和一下，像啉十全大補湯。

女生唱：

阿哥歌聲真好聽，三日無聽心會冷；
就愁阿哥心會變，想著自家會著驚。

合唱：

千年大樹萬條根，兩儕相惜一條心；
不管外背大風雨，恩恩愛愛不變心。

6. 男生唱：

榕樹恁榮無直根，世上也難有直人；
阿哥惜妹心不變，希望早日來成親。

女生唱：

老妹對哥也真心，屋下還有老雙親；
婚姻大事難自主，就望月老牽婚姻。

合唱：

日頭落山有月光，田愛勤耕莫畀荒。

兩儕相愛心不變，日後一定配成雙。

7. 男生唱：

山歌愛唱弦愛和，阿哥係穀妹係禾；
禾苗毋靚割無穀，就望恩愛結公婆

女生唱：

人驚懶尸田驚荒，一日無見心會慌；
哥係日頭妹係月，係無日頭月毋光

合唱：

日頭一出千條線，日日就想相見面；
千山萬水難阻隔，就望月老來牽線

8. 男生唱：

唱條山歌分妹聽，莫嫌阿哥鴨公聲；
老妹生來實在靚，日想夜想田毋耕。

女生唱：

阿哥心聲妹有聽，兩儕隔山又隔坑；
想見一面登天樣，一心也望摎哥行。

合唱：

哥在東來妹在西，歸日想个也係你；
希望月老來牽線，分偓共下結連理。

9. 男生唱：

阿妹生來實在靚，歌聲嘹喨又後生；
想請媒人先下訂，就驚別儕摎偃爭。

阿哥心意𠊎知聽，熱天一下就轉冷；
時間匆匆摧人老，求好姻緣趕後生。

兩儕有緣配成雙，相互忍讓家運通；
莫為小事來相鬥，少吃心情也輕鬆。

10. 男生唱：

𠊎來唱歌分妹聽，句句唱出𠊎心聲；
拉弦打鼓𠊎也會，就係唱歌鴨公聲。

女生唱：

阿哥唱歌妹愛聽，鴨嫲公聲妹無嫌；
係能摎哥見一面，毋驚彎斡路難行。

合唱：

阿哥唱歌妹無嫌，老妹笑容糖樣甜；
月老牽線配成對，食飯毋驚㜷生鹽。

11. 男生唱：

唱條山歌分妹聽，愛有老妹來和聲；
單人獨馬無生趣，無聽妹聲心會冷。

女生唱：

老妹聽到阿哥聲，遽遽出去來和聲；
阿哥有情妹有意，鴨嫲公聲也好聽。

合唱：

兩儕隔坑又隔山，歌聲來傳慍心聲；
早日良緣配成對，咬薑啜醋贏先生。

12. 男生唱：

惡手哪才雙手強，兩儕同心家運昌；
大風大雨哥來擋，持家愛有好餔娘。

女生唱：

月頭月尾無月光，三日無見心會慌；
就望日日係十五，月光底下會情郎。

合唱：

田坵無蒔割無禾，象棋卒仔愛過河；
哥有情來妹有意，早日成雙結公婆。

13. 男生唱：

老妹善良人又靚，莊頭莊尾好名聲；
想愛近身難開口，哪有貓仔毋食腥。

女生唱：

阿哥斯文又後生，能做田事會筆耕；
文武兩全愛哪尋，就等媒人講一聲。

合唱：

千年大樹萬條根，兩人相惜愛眞心；
公婆相愛心不變，門前泥土變黃金。

㈤獨唱曲

1. 竹篙晒衫愛天晴，愛結公婆趕後生；
   一回見面一回老，寒冬睡目感覺冷。

2. 老妹戴在對面山，唱條山歌分妹聽；
   阿哥有情妹有意，毋驚隔河又隔山。

3. 一个公配一个婆，一隻鼓配一隻鑼；
   男歡女愛天註定，就望恩愛結公婆。

4. 山歌總係唱情歌，阿哥先唱妹來和；
   聲聲唱出情同意，難結公婆毋奈何。

5. 阿哥拉弦妹唱歌，歌聲嘹亮人人褒；
   男才女貌真登對，早日成雙結公婆。

6. 阿哥做事真煞猛，老妹持家無簡單；
   為了三餐好落肚，毋驚霜雪毋驚冷。

7. 兩儕來到伯公下，洗淨雙手來唱喏；
   伯公問倕嘛个事，心想討妹轉屋下。

8. 阿妹生來一枝花，食飽閒閒待屋下；
   毋會分妳做苦事，阿哥賺錢分妳花。

9. 山歌自古傳到今，條條唱出客家情；
   咬薑啜醋生活苦，山歌一唱好心情。

10. 頭擺耕田又耕園，日日做到兩頭烏；
    係有山歌來對唱，毋知肚枵空心肚。

11. 山歌對唱不容易，唱儕人人有智慧；

鴨嫲公聲也敢唱，歌聲一出心歡喜。

12. 山歌一唱心就開，快樂趁等歌聲來；
係有老妹來對唱，牡丹聽到花就開。

13. 日頭落山有月光，想到餔娘心就慌；
夜夜孤單守空房，何時正能配成雙。

14. 單身哥兒真孤栖，暗晡沒人來蓋被；
係有兩儕共下睡，一定贏過十領被。

15. 阿哥還係耕田儕，老妹耕山又種茶；
十頭半月難見面，屋下還有大人儕。

16. 秋風吹來漸漸涼，日想夜想㧯心肝；
有請月老來牽線，早日分偲睡共床。

17. 老妹賢孝又大方，身上無花感覺香；
阿哥出外勤打拼，千斤重擔偲來當。

18. 水深正能行大船，好酒放久毋會酸；
老妹對偲真情意，偲會待妳像心肝。

19. 一壺難裝兩樣酒，戀了一儕莫外求；
兩儕情投意又合，永結同心樂悠悠。

國家圖書館出版品預行編目資料

客家生趣話1000則. 第二冊, 先人的智慧.俚
諺語生趣話／傅新明著. -- 初版. -- 臺北
市：五南, 2020.09
　　面；　公分
　ISBN 978-957-763-921-9（平裝）

1.諺語　2.客語

539.933　　　　　　　　　　109002644

1XKG 客語教學叢書系列

# 客家生趣話1000則（第二冊）
## 先人的智慧‧俚諺語生趣話

作　　者－傅新明

發 行 人－楊榮川

總 經 理－楊士清

總 編 輯－楊秀麗

副總編輯－黃惠娟

責任編輯－高雅婷

文字校對－卓芳珣

封面設計－王麗娟

出 版 者－五南圖書出版股份有限公司

地　　址：106台北市大安區和平東路二段339號4樓

電　　話：(02)2705-5066　　傳　真：(02)2706-6100

網　　址：http://www.wunan.com.tw

電子郵件：wunan@wunan.com.tw

劃撥帳號：01068953

戶　　名：五南圖書出版股份有限公司

法律顧問　林勝安律師事務所　林勝安律師

出版日期　2020年9月初版一刷

定　　價　新臺幣380元

# 經典永恆・名著常在

## 五十週年的獻禮——經典名著文庫

五南，五十年了，半個世紀，人生旅程的一大半，走過來了。

思索著，邁向百年的未來歷程，能為知識界、文化學術界作些什麼？

在速食文化的生態下，有什麼值得讓人雋永品味的？

歷代經典・當今名著，經過時間的洗禮，千錘百鍊，流傳至今，光芒耀人；

不僅使我們能領悟前人的智慧，同時也增深加廣我們思考的深度與視野。

我們決心投入巨資，有計畫的系統梳選，成立「經典名著文庫」，

希望收入古今中外思想性的、充滿睿智與獨見的經典、名著。

這是一項理想性的、永續性的巨大出版工程。

不在意讀者的眾寡，只考慮它的學術價值，力求完整展現先哲思想的軌跡；

為知識界開啟一片智慧之窗，營造一座百花綻放的世界文明公園，

任君遨遊、取菁吸蜜、嘉惠學子！